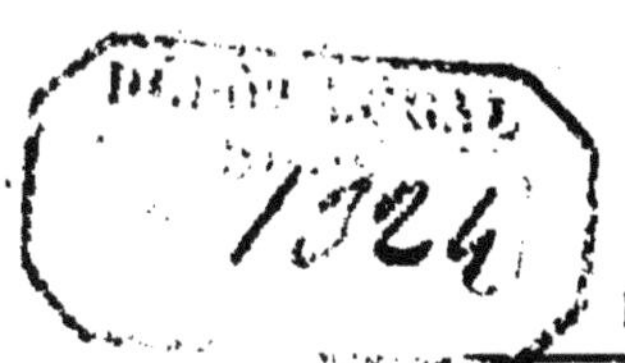

FACULTÉ DE DROIT DE PARIS.

DES DÉLITS

ET DES

QUASI-DÉLITS CIVILS,

EN DROIT ROMAIN ET EN DROIT FRANÇAIS.

THÈSE POUR LE DOCTORAT

L'acte public sur les matières ci-après sera soutenu
le Jeudi 16 Février 1860, à 1 heure 1/2,

PAR

Alexis LUSSAUD,

Avocat à la cour impériale de Paris.

Président : M. **COLMET-DAAGE**, Professeur.

SUFFRAGANTS : MM. **BUGNET**, **PELLAT**, doyen, **VUATRIN**, Professeurs. **DEMANGEAT**, Suppléant.

Le candidat répondra en outre aux questions qui lui seront faites
sur les autres matières de l'enseignement.

PARIS

IMPRIMERIE DE MOQUET,

11, Rue des Fossés-Saint-Jacques, 11.

1860

DES DÉLITS ET QUASI-DÉLITS.

NOTIONS PRÉLIMINAIRES.

L'homme est de sa nature intelligent et libre. C'est par ces deux nobles facultés, l'intelligence et la liberté, qu'il est supérieur aux autres êtres animés qui vivent avec lui sur la terre, qu'il peut distinguer le juste de l'injuste, ce qui est permis de ce qui est défendu et se déterminer pour l'un ou pour l'autre. Connaissant le bien et pouvant l'accomplir, il commet une faute s'il ne le fait pas; de même connaissant le mal et pouvant l'éviter, il fait une faute s'il ne l'évite pas. Ces deux proportions sont d'une vérité absolue, en philosophie, science qui examine les actions des hommes dans leur existence intrinsèque, sans se préoccuper des conséquences, mais elles ne sont pas vraies en droit, science qui considère plutôt les actions des hommes dans leurs conséquences que dans leurs causes. Pour que la violation de la loi soit une faute dans le domaine de la jurisprudence, il est nécessaire qu'elle cause un préjudice. Lorqu'un préjudice a été causé, la loi, d'accord avec la raison, exige que l'auteur le répare. Cette relation de l'homme avec ses faits illicites et dommageables est appelée responsabilité. Un fait illicite peut causer un préjudice à un homme ou à une collection d'hommes vivant sous les mêmes lois et ayant des intérêts communs.

Dans le premier cas, le dommage éprouvé par l'homme pris individuellement est un dommage privé et la réparation, une réparation privée, une indemnité; dans le second, le dommage causé à une collection d'hommes, appelée société, est un dommage social ou public, et la réparation, une réparation sociale ou publique, une peine.

Ces deux principes que l'homme commet une faute en faisant ce qui est défendu, et que celui qui cause par sa faute un préjudice est obligé de le réparer, se retrouvent chez tous les peuples, même à leur origine; mais ils n'y sont pas toujours bien mis en lumière. En général chez les peuples qui commencent à exister, l'idée de société est faible; d'où il suit que les faits illicites regardés comme dommageables pour la société sont rares, tandis que les actes considérés comme dommageables aux individus sont nombreux. L'idée de réparation s'y cache sous le nom de vengeance, et le mode en est indéterminé. La première réglementation législative de la réparation d'un dommage, c'est le talion, droit pour la victime, d'infliger à l'auteur un dommage égal à celui qu'elle en a reçu. Puis on voit tous les préjudices réparés par le paiement d'une somme d'argent dont le chiffre est fixé d'avance suivant la gravité des faits qui les ont occasionnés. Ce sont les compositions dont les lois des Germains sont remplies et que nous rencontrerons aussi dans la loi des Romains (les douze Tables). Enfin avec le progrès de la civilisation, la réparation se dégage de ces tarifs et devient plus appropriée à son but. Elle s'accomplira désormais par le rétablissement dans le patrimoine de la victime de ce que le fait illicite en a fait sortir.

Nous ne nous occuperons dans cette dissertation que des violations de la loi positive au point de vue du dommage causé aux hommes individuellement, et de la réparation civile. Et comme la loi nous oblige non point à faire quelque chose, mais à nous abstenir de faire quelque chose, il s'en suit que les faits actifs seuls composent notre sujet, et que les omissions en sont exclues. Les réparations publiques, bien que résultant de faits actifs, restent également en dehors de notre matière.

Les faits illicites et dommageables sont appelés chez les Romains *maleficia*, et se divisent en deux grandes classes : les *delicta* et les *obligationes quæ quasi ex delictis nascuntur*. En droit français ils sont également divisés en deux grandes classes : les délits et les quasi-délits ; mais comme nous le verrons bientôt, les expressions françaises ne sont point la traduction exacte des expressions latines.

DROIT ROMAIN.

RÈGLES COMMUNES. — DIVISION DE LA MATIÈRE.

Comme nous venons de le dire tout à l'heure, les faits illicites et dommageables se divisent en deux classes : les délits, et les autres faits illicites et dommageables, d'où il naît des obligations comme il en naît des délits, et que nous appellerons par abréviation quasi-délits. Les interprètes ne sont pas d'accord sur les caractères distinctifs de ces deux classes de faits. Cependant on s'accorde assez généralement aujourd'hui sur ce point que le dol ou intention de nuire n'est point, comme quelques-uns l'ont cru, ce qui distingue le délit du quasi-délit. Le caractère distinctif du délit n'est pas dans la nature des choses : il est tout arbitraire. Un fait illicite et dommageable a-t-il été qualifié de délit et pourvu d'une action spéciale par l'ancien droit civil, c'est un délit. N'a-t-il au contraire été réprimé et pourvu d'une action que par le nouveau droit civil, constitutions des empereurs ou sénatus-consultes, ou par le droit prétorien, ce n'est pas un délit ; ce n'est qu'un quasi-délit.

Trois conditions sont nécessaires pour constituer un délit ou un quasi-délit ; la première, c'est qu'un fait illicite ait été commis, c'est-à-dire que la loi positive ait été violée par un fait actif ; la deuxième, que ce fait ait été dommageable, c'est-à-dire qu'il ait causé un préjudice à un individu, soit dans sa personne soit dans ses biens ; la troisièm e enfin que l'auteur ait été libre de le commettre ou de ne pas le commettre, c'est-à-dire qu'il ait joui à ce moment là de la plénitude de sa raison.

Lorsqu'un fait réunit ces trois conditions, il peut donner naissance à plusieurs actions que nous pouvons divi ser en trois espèces.

I. Des actions qui ont pour but la réparation du préjudice causé par ce fait, c'est-à-dire le rétablissement dans le patrimoine de la victime d'une valeur que le délit ou le quasi-délit en a fait sortir. Dans ce cas le patrimoine de la victime n'est pas augmenté, car la valeur qui y entre n'en était jamais sortie en droit. C'est le fait mis d'accord avec le droit. Ces actions sont appellées *actiones rei persecutoriæ*.

II. Des actions qui ont pour but d'infliger une peine à l'auteur du dommage en le privant d'une partie de ses biens attribués à la victime. Dans ce cas, le patrimoine de l'auteur du dommage est diminué et celui de la victime est augmenté. Il est impossible de justifier par aucune bonne raison l'existence de cette espèce d'actions pénales privées qui sont une véritable anomalie dans le droit romain. On les désigne sous cette expression : *actiones pœnæ persecutoriæ.*

III. Enfin, des actions qui ont pour but tout à la fois de faire réparer le préjudice causé par un délit ou un quasi-délit, et d'infliger une peine à l'auteur de ces faits. Ce sont les *mixtæ actiones tam rei quam pœnæ persecutoriæ.*

Les actions *rei persecutoriæ*, quand on les considère au point de vue de l'auteur d'un délit ou d'un quasi-délit, sont quelquefois pénales en ce sens qu'elles font sortir de son patrimoine, en fait et en droit, une valeur que le délit ou le quasi-délit n'y ont point mise. On les appelle alors *pénales unilatérales* par opposition à celles qui sont pénales, soit qu'on les considère par rapport à l'auteur d'un délit ou d'un quasi-délit, soit qu'on les considère par rapport à la victime, et qu'on appelle pour cette raison *pénales bilatérales.*

Quant aux actions mixtes, lorsqu'on les considère au point de vue de l'auteur d'un délit ou d'un quasi délit, elles peuvent être pénales, même pour la partie qui constitue la réparation ; de sorte que ces actions peuvent être pénales unilatérales pour une partie, et pénales bilatérales pour l'autre.

Le principal intérêt de cette division des actions en actions *rei persecutoriæ et pœnæ persecutoriæ*, c'est que les premières passent aux héritiers activement et passivement tandis que les secondes leur passent en général activement, mais non passivement. Un autre intérêt, c'est au point de vue de la théorie du concours de ces actions entre elles, théorie que nous exposerons quand elles nous seront toutes connues.

Bien que les Institutes nous donnent une énumération de quatre délits, on peut cependant soutenir non sans raison, ce me semble, qu'il n'y en a que trois dans ce livre, le *furtum*, le *damnum injuria datum* et l'*injuria*; car le titre de *vi bonorum raptorum* ne nous présente qu'une action établie par le préteur pour un cas de vol accompagné de circonstances particulières, mais non un délit du droit civil. Aussi ne considérerons-nous pas cette action comme un délit, et lui donnerons-nous place dans nos explications du *furtum* à la suite de l'*actio furti*.

Quoique nous pensions avec M. Ortolan, t. II, p. 397, et conformément à la définition que nous avons donnée ci-dessus du délit, que l'énumération des Instituts n'est pas limitative, puisqu'il se trouve encore aux Pandectes des faits illicites réprimés par le vieux droit civil de Rome, tels que le fait d'avoir coupé furtivement les arbres à fruits d'autrui, *actio arborum furtim cœsarum*, et le fait d'avoir construit avec les matériaux du voisin, *actio de tigno juncto*, tous deux punis par la loi des douze Tables, nous nous bornerons à la liste donnée par Justinien, et cela pour deux raisons. D'abord parce qu'il serait trop long de parcourir tous ces faits, et ensuite parce que cela est inutile au but que nous nous proposons, à l'exposition des principes généraux de cette matière.

Cette dissertation sera divisée en cinq chapitres.

Le premier contiendra les règles des soustractions frauduleuses ou des vols.

Le deuxième celles du préjudice causé par destruction ou dégradation, ou de la loi Aquilia.

Le troisième, celles des atteintes à l'honneur, ou des injures.

Le quatrième traitera des obligations qui naissent de faits illicites, comme elles naîtraient d'un délit, ou des quasi-délits.

Enfin le cinquième s'occupera du concours des actions nées d'un même délit.

CHAPITRE PREMIER.

DES VOLS.

SECTION PREMIÈRE.

Définition et éléments du vol.

Les jurisconsultes Romains n'étaient pas d'accord sur l'étymologie du mot *furtum*. La plus exacte, selon nous, est celle qui le tire du verbe *auferre*, non-seulement parce que les Grecs appellent les voleurs φωραι, du verbe φερω, mais à cause de l'idée de déplacement qui est essentielle à l'existence du *furtum*.

Le vol est le déplacement frauduleux qu'un individu fait d'une chose, de l'usage ou de la possession d'une chose, avec l'intention d'en retirer un profit, ce qui est défendu par la loi naturelle; *furtum est contrectatio rei fraudulosa, lucri faciendi gratia vel ipsius rei; vel usus ejus, possessionisve quod lege naturali prohibitum est admittere*, dit Paul, dont la définition est ainsi plus complète que celle de Justinien, qui ne parle pas du *lucri faciendi causa* (D. 47-2, L. 1).

L'existence d'un *furtum* nécessite la réunion des éléments essentiels suivants : le déplacement *contrectatio*, l'intention de s'approprier, *animus furandi lucri faciendi gratia*, et enfin l'absence de consentement du maître de la chose.

La *contrectatio*, le maniement, le déplacement ne peut s'appliquer qu'à des choses mobilières, choses que l'homme peut transporter d'un lieu dans un autre. Ainsi il n'y a pas de vol d'immeubles, parce que les immeubles de leur nature ne peuvent être déplacés. Cependant les Sabiniens pensaient que les immeubles eux-mêmes pouvaient faire l'objet d'un vol, et en cela ils semblaient se conformer à la définition du *furtum*; car ce qu'ils regardaient comme déplacé ce n'était pas la chose elle-même, mais la possession de la chose, et nous savons que la possession peut aussi bien que la chose, faire l'objet d'un vol. Leur opinion n'a pas prévalu, sans doute parce que le signe matériel du déplacement de cette possession n'était pas identique à celui qui est exigé par le texte de la définition. La pensée des Sabiniens était plus philosophique que juridique. (Inst. II, 6, § 7. G. II-51.)

On commet un *furtum usus* quand on se sert d'une chose dont on n'avait pas le droit de se servir, ou bien encore lorsqu'on emploie une chose à un usage différent de celui auquel elle était destinée par une convention soit expresse, soit tacite. Ainsi, le créancier gagiste qui se sert de la chose donnée en gage, le commodataire qui conduit le cheval emprunté plus loin que le maître ne le lui a permis, commettent un *furtum usus*, D. 47, 2, l. 54 et l. 40.

Si un individu s'empare d'une chose qui lui appartient, mais dont il n'a pas la possession, soit parce qu'il l'a donnée en gage à son créancier, soit parce qu'elle était possédée de bonne foi par un tiers, il commet un *furtum possessionis* D. 47. 2. l. 19, § 5, l. 20, § 1 *de furtis*. G. III, 196.

Cependant cette reprise frauduleuse de la possession d'une chose par son propriétaire, bien qu'elle constitue un vol, n'empêche pas la chose de pouvoir être usucapée, si elle passe plus tard dans les mains d'un tiers de bonne foi. Les jurisconsultes étaient arrivés à le décider ainsi en s'attachant rigoureusement à la lettre d'un texte plutôt qu'à la pensée qu'il contient : le vice résultant du vol est purgé quand la chose est revenue dans les mains du propriétaire, disent les Inst. II-6, § 8.

Une chose ne peut être volée qu'autant qu'elle est possédée par quelqu'un. Ainsi quand je m'empare d'une chose que vous avez abandonnée, dont vous ne voulez plus, ou d'une chose dont personne n'a encore eu la possession, je ne commets pas un *furtum*. Dans ces deux cas, la décision est fort juste, car par cette prise de possession d'une chose sans maître, j'en deviens immédiatement propriétaire, sans causer à autrui le moindre préjudice. D. 47-2, l. 26, l. 43 *de furtis*.

Mais voici une décision qui l'est moins : Les jurisconsultes, tirant rigoureusement les conséquences de ce principe, décidaient que celui qui se met en possession d'une chose faisant partie d'une hérédité, ne se rend pas coupable d'un vol, parce que la chose n'est possédée par personne. En effet, disaient-ils, d'une part l'héritier n'a la possession qu'après avoir fait adition, et s'être mis en contact direct et immédiat avec les biens héréditaires, et de l'autre l'hérédité, bien qu'elle joue le rôle du défunt, ne peut être considérée comme possédant pour lui, parce que la possession consiste dans le fait de se conduire comme propriétaire d'une chose et dans la volonté de l'être, et que l'hérédité étant un être moral ne peut avoir cette volonté.

Il est certes difficile de comprendre pourquoi un être moral ne peut pas avoir cette faculté de posséder; car un être moral n'est autre chose qu'une fiction et sous l'empire des fictions tout est possible. D. 47-4-1, § 15. Paul, Sent. II, 31, § 11.

Il ne faut cependant pas croire que le fait de soustraire des objets faisant partie d'une succession jacente, parce qu'il ne constituait pas un *furtum*, restait impuni dans la législation romaine. En effet, il était réprimé par un senatusconsulte rendu sur la proposition de Marc-Aurèle, qui donnait à la victime la faculté de poursuivre l'*expilator hereditatis* à l'extraordinaire devant le préteur et de lui faire infliger une peine publique.

Non-seulement les choses, mais encore les personnes pouvaient à Rome faire la matière d'un vol ; et par personnes nous n'entendons pas parler des esclaves dont la nature était en quelque sorte mixte, tenant tout à la fois de la personne et de la chose, nous entendons et nous voulons désigner par là une certaine classe de personnes libres, c'est-à-dire, non esclaves, les fils de famille et les femmes placées sous la puissance de leur mari *filiifamilias*, *uxores in manu virorum*. Cela est parfaitement conforme à l'état des personnes et à l'organisation de la famille chez les Romains. Là le *paterfamilias* est, du moins dans les premiers siècles, le maître absolu, le *dominus*, de toute la famille, de sa femme et de ses enfants, aussi bien que de ses esclaves et de ses bœufs : les uns et les autres ne sont pour lui que des choses dont il peut disposer à son gré. G. III, 199.

Nous voyons même considérés comme susceptibles d'être volés des individus rattachés à un *paterfamilias* par des rapports, des liens de droit, beaucoup moins étroits que ceux dont nous venons de parler tout à l'heure. Ces individus sont, nous dit Gaïus, le *judicatus* et l'*auctoratus*. Le *judicatus* est l'individu contre lequel une personne a obtenu une condamnation judiciaire, qui va s'exécuter au moyen de la *manus injectio*. L'effet de cette mise à exécution de la sentence de condamnation sera de faire du *judicatus*, un *adjudicatus*. Nous ne connaissons pas bien quelle était la position d'un *adjudicatus* par rapport à celui qui se l'était fait adjuger; mais tout ce que nous pouvons dire, c'est que si ce n'était pas l'esclavage, c'était quelque chose qui en approchait beaucoup. On désignait par *auctoratus* un affranchi qui s'était engagé comme gladiateur au service d'un entrepreneur de jeux publics ou privés.

Lorsque la soustraction de personnes libres avait été accompagnée de certaines circonstances propres à faire perdre la trace des personnes déplacées, par exemple lorsqu'elles avaient été cachées, déguisées, retenues dans les fers, elle donnait naissance contre l'auteur de ce fait, contre le *suppressor*, comme on l'appelait à Rome, à un *judicium publicum* organisé par une loi *fabia* et à une condamnation aux mines. C'était là le crime connu sous le nom de *plagium*, D. 48-15, l. 6, § 2.

Passons maintenant à l'examen du deuxième élément essentiel à l'existence du *furtum*, à l'*animus furandi*, à l'intention de s'approprier frauduleusement la chose d'autrui. Comme l'*animus furandi* consiste dans la volonté de s'approprier frauduleusement la chose d'autrui, et que la volonté doit être dirigée par l'intelligence pour que l'acte accompli soit imputable à son auteur, les personnes chez lesquelles l'intelligence n'existe pas encore ou n'existe plus, ne peuvent se rendre coupables de vol.

En général, les personnes pubères sont présumées avoir une intelligence suffisante pour diriger leur volonté, et par suite elles sont responsables de leurs actes et peuvent se rendre coupables de vol; mais comme elle manque aux diverses catégories de fous ; ils ne peuvent pas être déclarés responsables de leurs actes, pas plus des soustractions que des autres faits illicites par eux commis.

Les impubères, au contraire, sont en principe réputés ne point avoir une intelligence assez développée pour comprendre ce qu'ils font, et par suite ils ne sont point responsables de leurs actes dommageables. Mais par exception ceux d'entre eux qui sont *pubertati proximi*, c'est-à-dire qui sont parvenus dans cette période d'impuberté qui se rapproche davantage de la puberté que de l'enfance, en sont responsables. Les jurisconsultes disent qu'ils sont alors *doli capaces*. Ainsi les impubères *doli capaces* peuvent seuls se rendre coupables d'un *furtum*. Inst., IV-1, § 18.

L'*animus furandi* comprend deux choses, c'est-à-dire que la volonté du *subtractor* est dirigée sur deux points : il veut porter la main sur une chose sur laquelle il sait n'avoir pas de droit, et de plus il veut se l'approprier, en tirer un bénéfice quelconque.

Il nous reste maintenant à voir comment on pourra constater chez le *subtractor* l'existence de l'*animus furandi*, de la volonté de voler. La preuve de cette existence est faite par une présomption. La loi suppose que la personne qui s'empare d'une chose, sans en avoir le droit, a l'intention de se l'approprier et d'en dépouiller le maître, parce qu'elle doit savoir qu'il est défendu de toucher à ce qui ne nous appartient pas. *Nemo censetur ignorare legem.*

Mais cette présomption est-elle invincible? Ne sera-t-on jamais admis à établir que l'on n'a pas su ne pas avoir le droit de faire l'acte de maître que l'on a fait, et que conséquemment étant de bonne foi le vol n'existe pas? Inst. II-6, § 3, 4. *de usucap.*

Si impérieuse que soit la nécessité de la présomption ci-dessus établie surtout en droit pénal, en matière de préjudice causé à autrui, il est évident que le législateur n'a pu aller jusque-là. On pourra donc prouver sa bonne foi, c'est-à-dire l'erreur dans laquelle on s'est trouvé. Mais il faut bien préciser ici quelle espèce d'erreur pourra être invoquée avec succès contre la présomption de la loi. Les jurisconsultes modernes distinguent souvent l'erreur de fait de l'erreur de droit, admettant la première et rejetant la seconde. Nous croyons avec de savants maîtres que même en notre matière cette distinction doit être abandonnée, et qu'il en faut prendre une autre. L'erreur qui doit être déclarée suffisante est une erreur plausible, une erreur dans laquelle peut tomber un homme très-attentif *quisque diligentissimus*, sans s'occuper de savoir si elle porte sur un fait ou sur l'application d'une loi.

Ainsi celui qui, héritier d'une personne, qu'il croit morte, mais qui ne l'est pas, se saisit en cette qualité d'une chose de l'hérédité, ne commet pas un vol, parce qu'il peut invoquer une erreur de fait légitime. L. 83 *de furtis*. De même le commodataire qui a de bonnes raisons pour penser que l'usage qu'il fait des choses à lui prêtées, est conforme à la volonté du maître n'est pas coupable de vol. Inst., IV, 1 § 7.

Ainsi l'usufruitier d'une esclave qui vend l'enfant dont elle est accouchée, dans la pensée qu'il lui appartient comme un fruit, ne commet pas un *furtum*, parce que son erreur, bien qu'elle porte sur un point de droit, est légitime. En effet, il régnait entre les jurisconsultes une grande divergence sur la question de savoir si l'usufruitier devenait propriétaire des enfants de la femme objet d'un usufruit. Il est vrai que cette erreur ne serait pas suffisante pour fonder une acquisition par usucapion, parce qu'elle procurerait alors un bénéfice au détriment d'autrui, tandis qu'elle met seulement à l'abri d'un préjudice inst. II, 6 § 5.

Celui qui contrecte une chose est présumé le faire avec l'intention d'en tirer un profit quelconque, soit en s'en servant lui-même, soit en la donnant à une autre personne. Cependant plusieurs jurisconsulte faisaient exception à cette règle en faveur de celui qui soustrait un certain objet, *meretrix*, que l'on s'étonne de rencontrer sous leur plume à cette occasion. L. 39 *de furtis*. Mais Paul, Sent. II, 31. § 12, plus conséquent avec le principe, pense qu'il y a dans l'espèce dont il s'agit un véritable vol.

Arrivons enfin au troisième et dernier élément constitutif du *furtum*, à l'absence de consentement dans le *dominus* de la chose déplacée par un individu qui veut la voler. Lorsqu'il y a déplacement frauduleux contre la volonté du propriétaire, c'est un *furtum*; si au contraire, le maître consent à ce déplacement frauduleux, il n'y a pas *furtum*. Il est clair que nous entendons parler ici d'un consentement ignoré du *contrectator*; car autrement ce ne serait pas seulement la volonté du *dominus* qui exclurait l'idée de *furtum*, mais aussi l'absence de dol dans la personne de l'agent D. 47. 2 l. 48 § 2, l. 46, § 8 *de furtis*.

Il est évident que le *dominus* qui ignore la *contrectatio fraudulosa*, ne consent pas; car consentir c'est vouloir ce qu'un autre veut. Il est possible que celui qui sait ne consente pas. Il est présumé ne pas consentir, bien qu'il ne s'oppose pas à l'enlèvement, toutes les fois qu'il est dans l'impossibilité de s'y opposer. D. 47, 2, l. 91. *De furtis*.

Les jurisconsultes romains transportant dans cette matière une règle des contrats où la forme était à peu près tout et le fond rien ou peu de chose, disaient : un consentement arraché par la violence ou obtenu par ruse n'en est pas moins un consentement *coacta voluntas tamen voluntas.* Rien n'est plus faux que ce brocard, car l'idée de violence et d'erreur est destructive de toute volonté chez l'homme; on comprend jusqu'à un certain point que le formalisme des contrats du droit civil, de la stipulation, par exemple, dans laquelle l'obligation naissait, non pas de la volonté de s'obliger, mais des paroles consacrées par la loi solennellement prononcées, ait pu légitimer une pareille règle en matière d'obligation contractuelle; mais qu'on ait transporté ce rigorisme dans les délits, c'est ce qui ne se peut concevoir. Aussi à quelles subtilités n'a-t-il pas fallu se livrer pour distinguer les cas où le *dominus* a consenti de ceux où il n'a pas consenti sous la pression de la violence ou l'empire de la ruse. Ainsi un individu me force par des violences sur ma personne à lui laisser prendre ma chose, il n'est pas un voleur; il m'arrache violemment des mains ma chose, c'est un voleur, et un voleur de la pire espèce encore. D. l. 14, § 12, *Quod metus causa.* Voilà pour la violence.

Je professe un profond respect pour les jurisconsultes romains; j'admire en eux le génie de la science juridique dont ils sont les pères; mais pas dans ce cas.

Ainsi encore, je vends le cheval de Titius et j'encaisse le prix de la vente; je ne suis pas voleur de ce prix; je me présente à vous comme votre créancier; vous me payez la somme par moi réclamée, je suis un voleur, l. 52, § 17, l. 43, *De furtis.* Voilà pour le dol. Quoi que je fasse, il m'est impossible de trouver aucune raison de distinguer entre les deux cas.

Voici une espèce sur laquelle nous trouvons les jurisconsultes en grand desaccord. J'engage l'esclave de Titius à voler une chose à son maître et à me l'apporter dans un lieu où je l'attends. L'esclave avertit son maître de mes intentions, et Titius, afin de me saisir en flagrant délit, ordonne à son esclave de m'apporter la chose qui m'est effectivement remise.

Les uns s'arrêtant à la forme soutenaient qu'il n'y avait pas là un vol, parce que le maître avait consenti au déplacement. Les autres, plus rationnels, pensaient qu'il y avait *furtum*, le maître n'ayant pas en réalité consenti. Justinien sanctionne avec raison cette dernière opinion, Inst. IV, 1, § 8. Ce texte contient une autre décision que nous apprécierons en son lieu.

Maintenant que nous savons ce que c'est que le *furtum*, nous avons à voir combien il y en a d'espèces. Une division qui joue un rôle capital dans la jurisprudence romaine est celle du vol manifeste et du vol non manifeste. Nous ne savons sur quelle base repose cette distinction prise à un point de vue arbitraire et tout à fait secondaire. Montesquieu pense que c'est un emprunt maladroit fait à la législation de Lacédémone.

Le *fur manifestus* est celui qui est saisi au moment où il commet le vol, ou bien qui est saisi encore nanti de la chose volée avant qu'il n'ait eu le temps de la déposer dans le lieu où il avait l'intention de la transporter, et le jour même du vol. Telle était l'opinion la plus suivie et qui a été consacrée par Justinien. G. III, 184. Loi 4, *De furtis*. Le *fur nec manifestus* est celui qui n'est pas manifeste. G. III, 185. Une autre division prise au point de vue des circonstances qui ont accompagné le vol, division introduite par le préteur, est celle du vol commis sans violence et du vol commis avec violence ou *rapina*. Bien que ce fait soit l'objet d'un titre particulier dans le droit de Justinien, je n'ai pas hésité à le confondre dans le *furtum*, parce qu'en réalité ce n'est pas un délit d'une nature particulière; ce n'est qu'une espèce de *furtum* que le préteur a cru devoir réprimer d'une manière plus rigoureuse en raison de la violence dont il est accompagné.

SECTION II.

Actions qui naissent du vol.

Nous voici arrivé à la partie la plus importante de notre dissertation sur le *furtum*, aux actions qu'il fait naître. La loi des XII Tables établissait contre les voleurs une *actio furti*, contre les recéleurs une *actio concepti*, et contre ceux qui avaient fait accepter à quelqu'un une chose volée, une *actio oblati*.

Cette loi avait-elle pour but dans ces diverses actions, non-seulement la répression du *furtum* et de ses conséquences indispensables, la punition de ses auteurs, mais encore la réparation du préjudice causé par ces divers faits illicites, c'est ce que nous ne savons pas.

Si la loi des XII ne donnait pas concurremment

avec ces actions les actions qui appartiennent à toutes personnes pour reprendre la possession d'une chose dont elle est restée propriétaire, l'action *ad exhibendum* et la *reivindicatio*, ou pour se faire payer la valeur de celle dont elle n'a plus la propriété, *la condictio*, toujours est-il qu'elle ne défendait point ce concours. Son silence suffit pour autoriser les prudents à les donner contre tous les voleurs, soit manifestes, soit non manifestes, L. 10 *De cond. furt.*

Le préteur, de son côté, usant de son pouvoir de corriger le droit et de suppléer à ses lacunes, a remplacé l'une des peines de *l'actio furti* par une autre, et introduit des actions nouvelles contre les voleurs et les recéleurs, une *actio prohibiti*, une *actio non exhibiti* une *actio bonorum vi raptorum*. Ainsi le *furtum* produit trois espèces d'actions : les unes qui tendent à la réparation du préjudice causé par le *furtum quæ rem persequuntur*; les autres qui ont pour but d'infliger une peine au voleur et au recéleur *quæ pœnam persequuntur* ; et enfin une action qui a pour but tout à la fois la réparation du préjudice et l'obtention d'une peine *quæ rem et pœnam persequitur*.

§ 1. *Actions réparatrices.*

Les actions de la première catégorie que les commentateurs modernes appellent *rei persecutoriæ*, sont au nombre de trois : l'*actio ad exhibendum*, la *reivendicatio* et la *conditio furtiva*.

Nous n'avons rien à dire sur les deux premières, car elles s'exercent de la même manière dans le cas qui nous occupe que dans tous les autres, et nous arrivons tout de suite à la *conditio furtiva* qui ne nous arrêtera pas longtemps, parce qu'elle suit en général les règles des condictions du droit civil, et qu'ainsi il suffira de signaler les points sur lesquels elle s'en écarte.

Le plus important, le plus saillant de tous, c'est qu'elle est donnée au propriétaire de la chose volée concurremment avec la *reivindicatio* et qu'elle ne peut être donnée qu'à lui, contrairement à la nature de la *condictio*, action par laquelle nous soutenons que telle personne est obligée de nous transférer le *dominium* d'une chose déterminée. D. XIII-1. L. 18.

Pour que les jurisconsultes en arrivassent à commettre une pareille hérésie, il fallait que cette action fût bien nécessaire. Elle l'était en effet, car si la chose avait péri depuis le vol, le *dominus* ne pouvait plus exercer de revendication contre lui. De même si la chose s'était détériorée chez le voleur, la revendication ne la faisait rentrer en la possession du propriétaire que dans l'état où elle se trouvait. Dans le premier cas il supportait une perte totale; dans le second une perte partielle. La *condictio* le met à l'abri de ces fâcheuses éventualités.

Un autre point de différence qui constitue en même temps un notable avantage en faveur du *dominus rei furtivæ*, c'est qu'il obtenait par cette action la plus grande valeur que sa chose avait eue depuis le vol. Cela tenait à ce que le voleur, par le fait même du vol, était constitué en demeure. D. XIII, 1. L. 8, § 1.

Enfin un troisième point de différence, c'est

qu'elle peut être exercée contre un *filiusfamilias* coupable de vol, tandis que la *condictio* résultant des contrats ne l'est jamais par cette raison que les personnes *alieni juris* pouvent bien stipuler, mais non promettre sur stipulation. D. XIII-1, l. 5.

La *condictio* peut être intentée contre chacun des voleurs. Peut-elle l'être aussi contre ceux qui ont facilité le vol par leurs secours seulement, ou tout à la fois par leurs secours et leurs conseils? Cette question divisait les jurisconsultes romains, et elle partage encore aujourd'hui leurs interprètes.

§ 11. *Actions pénales.*

Nous allons maintenant passer en revue chacune des actions de la deuxième et de la troisième catégorie.

Comme quatre d'entre elles étaient déjà tombées en désuétude bien avant Justinien, il n'en reste presque plus de trace dans les compilations de cet empereur, et nous ne les connaissons guère que par les commentaires de Gaïus et les ouvrages des historiens.

La loi des XII parallèlement à l'*actio furti* dirigée contre les voleurs, donnait une *actio concepti* contre les recéleurs, leurs dignes amis. Lorsqu'un objet volé avait été trouvé chez un recéleur au moyen d'une perquisition faite dans les formes déterminées par la loi elle-même, la peine était du quadruple de la valeur de l'objet. Lorsque ces formes n'avaient pas été employées, la peine n'était que du triple. On était plus sévère contre les recéleurs que contre les voleurs ; car la peine contre les premiers était toujours au moins du triple, tandis qu'elle pouvait descendre au double contre les derniers, comme nous le verrons bientôt. G. III, 192.

L'opposition des voleurs à cette perquisition que la loi des XII Tables n'avait pas prévue, ayant probablement rendu cette action impossible, le préteur créa une autre action, *actio prohibiti* du quadruple de la valeur de l'objet volé, contre la personne qui refusait de laisser visiter sa maison.

Ainsi dès les premiers temps Rome professait pour l'habitation d'un citoyen ce respect, cette inviolabilité que nous trouvons écrite partout dans ses lois, et qui ne disparut que devant le despotisme impérial. Il fallait que ce respect pour le domicile fût bien fort, puisque les magistrats n'ordonnaient pas d'en franchir le seuil, même pour exécuter la loi, et qu'ils se contentaient de punir le refus d'y laisser pénétrer.

La loi des Douze Tables donnait une *actio oblati* du triple de la valeur de la chose volée, à la personne chez laquelle elle était trouvée contre celle qui la lui avait apportée, qu'elle fût ou non le voleur. Les interprètes sont divisés sur le point de savoir si elle était donnée seulement, contre ceux qui savaient que la chose avait été volée, ou même contre ceux qui l'ignoraient. Le premier parti nous paraît plus conforme à la raison et en l'absence de texte, c'est celui que nous adoptons. Paul, S. II-31, § 3.

Le préteur a introduit une action du triple, *actio non exhibiti* contre l'individu chez lequel une chose volée a été trouvée, et qui refuse de la rendre : cette dernière ne nous est connue que par le § 4 du titre *de furtis* des Inst., où Justinien nous donne un abrégé de l'histoire de ces actions.

Lorsque la réaction qui s'était faite contre les formes symboliques du vieux droit des actions, triompha et frappa d'un arrêt de mort par la loi *Æbutia* tout ce système de procédure, la vieille perquisition solennelle se trouva atteinte du même coup, et avec elle disparut la peine du quadruple de l'*actio concepti*, qui en était la sanction.

Ces actions ainsi entamées vécurent encore bien longtemps; enfin elles tombèrent peu à peu en désuétude, non parce que Rome ne comptait plus de recéleurs dans son sein, mais parce que les préteurs s'habituèrent à les considérer comme des voleurs et à donner contre eux l'*actio furti* du double. Comme elles n'étaient plus qu'un souvenir au temps de Justinien, il les supprime, et consacre législativement la pratique des préteurs. C. VI, 2, l. 14, Inst. 4, 1, § 4.

I. *Actio furti.* — En vertu de la loi des XII Tables, le voleur manifeste était battu de verges et attribué à la victime du vol, *verberatus addicebatur ei cui furtum fecerat*. Devenait-il esclave, ou tombait-il dans la condition des débiteurs adjugés à leurs créanciers *adjudicati?* C'était déjà une question insoluble au temps de Gaïus. Aujourd'hui que nous en sommes réduits à des conjectures sur les *addicti* et les *adjudicati*, il est encore bien plus difficile de se prononcer. G. III-189. Dans la suite, cette peine fut regardée comme trop dure, et le préteur la remplaça par celle du quadruple de la valeur de la chose volée. Des auteurs ont cru que l'abrogation de cette peine sévère était une conséquence de la loi *Porcia*, qui défendit de battre de verges un citoyen, et de la loi *Petilia Papiria*, qui défendit de le donner en *addictio*.

Je ne crois pas que cette conjecture soit fondée, car le soulèvement de la *plebs romana*, qui détermina le vote de cette dernière loi ne se fit point sans doute dans l'intérêt des voleurs; et de plus, elle n'aurait pas entraîné l'abrogation de la peine de mort portée contre les esclaves voleurs.

La l. des XII tables punissait le voleur non manifeste d'une condamnation à une somme double de la valeur de l'objet volé. Cette condamnation au double n'a point été modifiée; au contraire, elle est devenue le modèle sur lequel le préteur a calqué beaucoup d'actions pénales.

Nous avons vu que les actions persécutoires de la chose volée n'étaient données qu'au propriétaire; il en est autrement de l'*actio furti*. Cette dernière, en effet, est donnée non-seulement au *dominus*, mais aussi à toute personne qui avait un intérêt appréciable en argent à ce qu'une chose ne fût pas volée. Tel est le principe écrit par Ulpien dans la loi 10 *de furtis*.

Mais si l'*actio furti* peut être exercée par ceux qui avaient intérêt à ce que la chose ne fût pas dérobée, ce n'est pas à dire pour cela qu'il suffit d'avoir intérêt pour pouvoir l'intenter; il faut encore qu'à cette condition viennent s'en joindre trois autres : 1° que la cause de l'intérêt soit honnête ; 2° que la personne qui a intérêt, ait eu la possession ou au moins la détention de la chose volée; 3° enfin qu'elle ait possédé ou détenu la chose par la volonté du propriétaire.

Cette condition d'avoir eu intérêt à ce que la chose ne fût pas volée est si essentielle à l'exercice de *l'actio furti*, que le propriétaire lui-même ne peut l'intenter qu'autant qu'il avait intérêt indépendamment de sa qualité de propriétaire. C'est ce qui ré sulte clairement de plusieurs textes, et notamment de la loi 14, § 1 *de furtis*, où Julien dit que le vendeur, bien qu'il ait promis la garde de la chose, n'a point *l'actio furti*, s'il en a déjà reçu le prix et de la loi 80, § 1 *eod. tit.*, dans laquelle Pomp. enseigne que si *l'actio furti* est accordée à raison de la propriété, elle l'est seulement si le *dominus* a intérêt.

Lorsque la chose volée appartenait à plusieurs personnes en commun, par exemple si elle était soumise à un droit d'usufruit ou à un droit d'usage, *l'actio furti* serait donnée à toutes ces personnes, à chacune dans la proportion de son intérêt dans la chose. D. 47, 2, l. 46, § 1.

L'actio furti appartient aussi au créancier gagiste lorsque son *pignus* lui a été volé; car il avait doublement intérêt à le conserver : d'abord parce qu'il est obligé de veiller à la conservation de la chose hypothéquée, et de la restituer au *dominus* quand il recouvre ce qui lui est dû ; ensuite parce que le gage lui assure le paiement de sa créance d'une manière bien plus efficace qu'une action personnelle, *plus cautionis in re est quam in persona* 25, de R. I. Aussi ce n'est pas seulement contre le premier voleur venu qu'il peut exercer cette action, c'est encore contre son débiteur, contre le propriétaire lui-même. D. 47, 2. l. 12 § 2 et l. 87.

De même elle est donnée au locataire, *conductor*, et au commodataire, si le vol a eu lieu par leur faute, parce qu'alors étant obligés par *l'actio locati*, ou par l'*actio commodati* de conserver la chose et de la restituer au *locator* ou au commodant, ils avaient intérêt à ce qu'elle ne fût pas volée. Mais il faut remarquer qu'ils n'ont véritablement intérêt, et conséquemment qu'ils ne peuvent exercer *l'actio furti* qu'autant qu'ils sont solvables; car, comme le dit Ulpien, l. 12 *de furtis*, ceux qui n'ont rien à perdre, ne courent aucun risque, *qui non habet quod perdat ejus periculo nihil est.* Dans ce dernier cas, *l'actio furti* est donnée au *locator* ou au commodant. Tel était du moins l'ancien droit; mais cela a été modifié en ce qui concerne le commodataire par les Instituts de Justinien. Dans ce nouveau droit, ce n'est plus la circonstance que le commodataire est solvable ou insolvable qui détermine à qui appartiendra *l'actio furti*. Le commodant a le choix entre *l'actio commodati* contre le commodataire, et *l'actio furti* contre le voleur; s'il choisit la première, la seconde appartient au commodataire; s'il choisit *l'actio furti*, le commodataire est libéré de l'obligation de restituer la chose volée. Inst. IV, 1, §, 16.

Remarquons que le dépositaire ne peut jamais avoir l'*actio furti*, parce que ne répondant pas de sa faute, il ne pourrait avoir d'intérêt qu'autant qu'il aurait favorisé le vol, et que cette action n'est pas donnée à ceux qui fondent leur intérêt sur une cause déshonnête. D. 47. 2. l. 14, § 3. l. 11, *De furtis*.

L'*actio furti* est encore donnée au colon auquel on a volé des fruits adhérents au sol; car s'ils ne lui appartenaient pas au moment du vol, ils lui auraient appartenu le jour où il les aurait cueillis. Elle est aussi donnée au propriétaire du fonds qui est en même temps propriétaire des fruits, en vertu de son droit de propriété sur le sol; mais s'il l'exerce lui-même, le colon n'ayant pu l'exercer, s'en fera rendre le produit par l'*actio conducti*. D. 47, 2, l. 26, § 1.

C'est par application du principe qu'il faut avoir la possession de la chose volée pour pouvoir exercer l'*actio furti*, que les créanciers d'une chose volée, bien qu'ils aient intérêt, ne peuvent pourtant pas l'exercer. Ainsi dans le cas de vol d'une chose vendue, l'*actio furti* est donnée non à l'acheteur, simple créancier, bien qu'il ait intérêt, mais au vendeur qui a conservé la possession. Loin d'appartenir à l'acheteur, elle serait même donnée contre lui s'il s'emparait de la chose avant d'en avoir payé le prix. A part ce cas, l'*actio furti* ne profite point au vendeur qui est obligé de la céder à l'acheteur. Aussi Paul allait-il même jusqu'à la lui donner, mais sous la forme d'une *actio utilis*. Paul, S. 31, 2, § 17. Ainsi encore elle n'appartient pas à une femme mariée lorsqu'une chose dotale a été volée, parce qu'elle n'en est que créancière, et qu'elle ne possède pas. D. l. 49, § 1, *De furtis*. Il en est de même du légataire.

Par application de la règle qu'il faut détenir la chose par la volonté du maître pour avoir l'*actio furti*, elle n'appartient ni au tuteur, ni au curateur, ni au *negotiorum gestor*, bien qu'ils eussent intérêt à ce que la chose ne fût pas volée, puisqu'ils sont responsables de leur faute, car ils ne détiennent pas la chose en vertu d'un acte de la volonté du propriétaire. D. 47-2, l. 85; mais ils ne seront condamnés sur l'exercice des *actiones tutelæ et negotiorum gestorum* qu'autant que le propriétaire sera prêt à leur céder l'*actio furti*, l. 53, § 3, *Eod. tit.* Je crois qu'on peut formuler ainsi la règle : tous ceux qui n'ont d'intérêt à exercer l'*actio furti* que parce qu'ils sont responsables de la chose volée ne peuvent avoir cette action qu'autant qu'ils détenaient cette chose en vertu de la volonté du propriétaire lui-même.

Cette action étant un droit acquis, entré dans le patrimoine de ceux qui y ont droit, elle passe comme tous les autres droits, en général, à leurs héritiers ou successeurs universels. L. 41, § 1. *De furtis*.

L'*actio furti* est donnée, en général, contre tous ceux qui ont commis le fait que nous avons défini et qualifié *furtum*, contre les recéleurs de l'objet volé ou même du voleur. L. 48, § 1. *De furtis*.

Elle est aussi donnée contre une classe d'individus qui n'ont pas de nom particulier en droit romain, et que nous trouvons désignés dans les textes, tantôt par cette expression *quorum ope consilio furtum factum est*, tantôt par celle-ci : *quorum ope aut consilio furtum factum est*. Ce sont les complices du droit moderne. Mais le sera-t-elle indistinctement contre ceux qui ont fourni *opem* et *consilium*, ou l'un de ces deux éléments seulement ? La question était déjà controversée au temps des jurisconsultes romains, et depuis elle n'a cessé de l'être entre les commentateurs.

Dans un premier système l'*actio furti* n'est donnée que contre ceux qui ont fourni assistance au voleur, et qui l'ont fait avec l'intention de faciliter le vol : on exige la réunion des deux circonstances. Ainsi celui qui donnerait assistance sans dessein de coopérer au vol ne serait pas plus voleur que celui qui aurait l'intention de favoriser un vol, mais qui ne le ferait pas. Il faut convenir que la plus grande partie des textes qui s'occupent de cette question semblent favorables à cette opinion. C'est bien le sens que Justinien donne à ces mots aux Ins. IV-1, § 11 et au. D. L. 36, pr. et § 2. *De furtis*. Ortolan, t. II, p. 370.

Dans un deuxième système, l'*actio furti* est donnée contre ceux qui ont coopéré au vol ou contre ceux qui l'ont conseillé, qui ont engagé une personne à commettre un vol et lui ont donné les instructions nécessaires pour cela. Le mot *consilium* a, en effet, deux sens différents qu'il ne faut pas confondre : tantôt il est pris dans le sens de dessein, d'intention, tantôt dans celui d'exhortation, d'instructions données à quelqu'un. Le premier système donne au mot *consilium* le sens d'intention, de dessein de favoriser un vol. Ce sens est exact, sans doute, mais ce n'est pas celui que les jurisconsultes ont voulu donner à ce mot dans plusieurs textes; car il est inutile de dire que celui qui prête assistance sans intention ne commet pas de vol, puisque celui qui touche la chose, qui la déplace, ne commet pas de vol s'il n'a pas l'*animus furandi*. Nous ne pouvons donc admettre que ce soit de cette signification du mot *consilium* que les jurisconsultes se sont préoccupés dans tous les textes où il est question de savoir s'il faut avoir fourni *opem et consilium* ou *opem aut consilium* pour être tenu de l'*actio furti*. Dans tous les cas où *consilium* signifie exhortations, incitations à commettre un vol, avec instructions pour le faciliter, nous pensons qu'il suffit seul pour motiver l'exercice de l'*actio furti*, si le vol s'en est suivi. L. 50, § 3, *De furtis*. Paul, Sent., II. 31, § 10. Vinnius. Demangeat.

A cause de la tache d'infamie qu'elle infligeait au condamné l'*actio furti* n'était donnée ni aux enfants *sui juris* contre leurs ascendants, ni aux affranchis contre leurs patrons, ni à l'un des époux contre l'autre. Dans les deux premiers cas, le préteur donnait une *actio in factum*, et dans le troisième une condiction tant que le mariage durait, et quand il était dissous par le divorce, une *actio rerum amotarum* qui avaient l'une et l'autre pour but de faire restituer la chose enlevée ou sa valeur. D. 25-2 17, § 2. Mais il y avait si bien là un véritable vol que la chose ne pouvait plus être acquise par usucapion, et que les complices de ces personnes étaient soumis à l'*actio furti*. Il en est de même lorsque le vol a été commis par un esclave au détriment de son maître, ou par un *filiusfamilias* au préjudice de son chef de famille, encore qu'à raison de l'unité d'intérêt qui existe entre eux, aucune action ne puisse naître au profit de l'un contre l'autre.

L'*actio furti* n'est pas donnée contre les héritiers du voleur, de ses complices ou des recéleurs, parce qu'elle a pour but de faire subir une peine au coupable, et quand le coupable n'est plus, il n'y a plus de peine possible. Cependant quand elle a été introduite de son vivant et qu'il y a eu *litis contestatio*, elle peut être continuée contre ses héritiers; car il y a alors novation dans la cause de l'obligation. Il en est de même quand il est intervenu entre la victime et le coupable une transaction. D. l. 164, R. J.

Nous avons dit que le demandeur obtient par la *condictio furtiva* la valeur de la chose volée, à titre d'indemnité, et par l'*actio furti* le double ou le quadruple de cette valeur à titre de peine. Mais qu'entend-on par cette valeur que les textes désignent toujours par *quod interest, quanti res est*. Cette expression n'a pas toujours eu la même signification. On pense assez généralement que dans le très-ancien droit romain, c'était la valeur vénale de la chose volée. Depuis les préteurs au moyen de la rédaction de la formule dont la *condemnatio est incerta*, ont tenu compte des pertes que le vol occasionnait et des gains dont il privait la victime même indirectement, ou, en autres termes, du montant de l'intérêt que la victime du vol avait à ce que la chose ne fût pas volée. Par exemple quand un esclave institué héritier a été volé, et que cette circonstance l'a empêché de faire adition en temps utile, le voleur doit la valeur de la succession, parce que c'est lui qui a occasionné cette perte au maître. Il en est de même quand une chose promise avec clause pénale a été volée; car si le promettant a été forcé de fournir la clause pénale, c'est le voleur qui en est cause.

Cependant nous trouvons dans les textes une exception à cette règle en faveur du propriétaire. Pour lui en effet l'estimation de son intérêt peut bien être supérieure à la valeur vénale, mais elle ne peut jamais lui être inférieure, tandis que les autres personnes auxquelles appartient l'*actio furti* ne peuvent jamais voir cette estimation portée plus haut que leur intérêt, l. 67, § 1. Mais quand l'objet volé est une personne libre, femme *in manu*, fils *in potestate*, c'est toujours l'intérêt du chef que cette personne ne soit pas déplacée, et non la valeur vénale qui forme la base de l'estimation parce que; comme le dit la loi 1, § 5 *de his qui effud.*, une personne libre ne peut être évaluée en argent.

Le vol étant en quelque sorte permanent depuis le jour de la soustraction, la victime peut se placer au moment qui lui convient pour faire l'estimation de son intérêt à ne pas être volée.

Une fois l'action exercée et la sentence prononcée, l'émolument obtenu ne restait pas toujours à celui au profit duquel la condamnation avait été prononcée. Aussi le *dominus* d'un fonds affermé devait restituer au colon ce qu'il avait obtenu du voleur des fruits de ce fonds. Le vendeur devait restituer à l'acheteur ce qu'il avait obtenu du voleur de la chose vendue. Le créancier gagiste imputait ce qu'il avait reçu du voleur sur ce qui lui était dû, et ne bénéficiait point ainsi de l'*actio furti*, même quand son intérêt se fondait sur sa responsabilité, et non sur sa qualité de créancier gagiste, détenteur de la chose.

Cependant dans un cas particulier, celui où le vol a été commis par le débiteur lui-même, le créancier n'impute pas et profite ainsi du bénéfice de la condamnation. On comprend sans peine le motif de cette décision : le voleur ne devait pas rester impuni, et c'est ce qui serait arrivé si le créancier eût été forcé d'imputer, l. 79 *de furtis.*

Quant à la question de savoir si les autres personnes qui fondent leur droit à l'*actio furti* sur leur responsabilité conservaient le bénéfice de la condamnation ou devaient le restituer au *dominus*, tout ce que nous pouvons en dire, c'est que les jurisconsultes étaient divisés d'opinion, et que Papinien lui-même avait successivement professé le pour et le contre. Justinien, qui nous a fait connaître cette controverse, l'a tranchée en ce qui concerne le commodataire en décidant qu'il en bénéficie parce qu'il est exposé à perdre étant responsable envers le propriétaire, l. 22, § 3, C. *de furtis.*

II. *Actio bonorum vi raptorum.* —L'*actio bono-*

rum vi raptorum introduite par le préteur, comme nous l'avons dit ci-dessus, pour réprimer une espèce de vol d'une nature plus grave que les autres, le rapt ou *furtum* commis avec violence, se donne au quadruple quand elle est intentée dans l'année du délit, et au simple après ce délai.

Il résulte de là, comme le dit Justinien, Inst. IV-2, § 2, qu'elle est donnée dans tous les cas où l'on donnerait l'*actio furti* si le vol n'eût pas été accompagné de la violence, et que les règles que nous avons tracées sur les conditions de l'existence du *furtum* et de l'exercice de l'action *furti* sont applicables en général à l'*actio bonorum vi raptorum* : de sorte que, pour la faire connaître d'une manière satisfaisante, il suffira de rechercher les points de différence.

Ainsi l'*actio bonorum raptorum* est donnée aux mêmes personnes et contre les mêmes personnes que l'*actio furti*. Cependant il résulte d'un texte du D. 47-8, l. 2, § 24, qu'elle peut être exercée par le dépositaire de la chose enlevée par violence, tandis qu'il ne pourrait pas exercer l'*actio furti*. Nous avouons que nous ne voyons pas la raison de cette différence qui ne se trouve, du reste, que dans ce texte d'Ulpien, car dans les deux cas, le dépositaire a le même intérêt s'il a promis *diligentiam*, ou bien il n'en a pas du tout, s'il ne l'a pas promise.

L'actio bonorum vi raptorum est une action mixte; car dans le quadruple se trouve comprise la chose ou sa valeur, de sorte que la peine n'est plus que du triple : elle est *tam rei quam pœnæ persecutoriæ*. Il semble résulter de là que la victime d'un rapt est moins bien traitée que celle d'un simple *furtum manifestum*, puisqu'elle n'obtiendra que le triple à titre de peine, tandis que l'autre obtiendra le quadruple ; mais il n'en est rien ; car la circonstance que le vol a été commis avec violence ne prive pas la victime de la faculté de recourir à *l'actio furti* si elle pense que cela lui est plus avantageux.

L'estimation du simple, de l'unité qui doit être quadruplée se fait-elle dans *l'actio bonorum vi raptorum* de la même manière que dans *l'actio furti* ? Les commentateurs sont divisés sur ce point.

Dans une première opinion généralement admise, cette estimation ne comprend que la valeur de la chose elle-même et non le montant de la perte que le vol a fait éprouver à la victime et du bénéfice dont il l'a privée. La loi 2, § 13, D. 47-8 le dit positivement.

Dans une seconde opinion il n'y a aucune différence entre les deux actions sur ce point : dans l'une comme l'autre l'estimation comprend toujours le montant de l'intérêt que la victime avait à ne pas être volée. Il faut convenir, en effet, que si le texte ci-dessus cité l. 2, § 13 avait le sens que l'autre opinion lui attribue, il faudrait dire que c'est aussi le *verum pretium* qui forme le *simplum* dans *l'actio furti*, puisque la loi 50 pr., *de furtis* du même Ulpien se sert de la même expression ; mais ce n'est pas là ce que signifie cette expression ; elle veut dire tout simplement qu'on ne tiendra pas compte de l'intérêt d'affection. Du reste, à part les raisons de texte on ne voit pas pourquoi le préteur aurait pris moins de soin d'une victime dépouillée par la force, que d'une victime de la ruse.

CHAPITRE II.

DU DOMMAGE CAUSÉ SANS DROIT OU DE LA LOI AQUILIA.

SECTION PREMIÈRE.

Notions historiques.

La loi des XII Tables, après avoir réprimé les faits de soustraction commis au préjudice d'autrui, devait sans nul doute réprimer aussi les faits de destruction ou de dégradation des biens d'autrui, car ces derniers étaient certainement assez nombreux et assez graves pour fixer l'attention des décemvirs. Ulpien ne laisse même aucun doute à cet égard; car il nous apprend que la loi Aquilia abrogea toutes les lois antérieures qui s'étaient occupées du dommage causé injustement, la loi des Douze Tables comme toute autre. Cependant soit que le système de cette loi fût insuffisant, soit, ce qui est plus probable, qu'il fût antipathique à la plèbe romaine et dirigé contre elle, les plébéiens, sur la proposition d'un tribun nommé Aquilius, l'anéantirent avec toutes les lois qui le composaient et le remplacèrent par un autre système assez complet contenu dans le plébiscite appelé du nom de ce tribun *lex Aquilia*. Théoph. nous dit en effet que ce plébiscite dont nous ne connaissons pas la date exacte, fut voté à l'époque des dissentions entre les patriciens et les plébéiens et après une retraite de ces derniers hors de Rome. D. IX-2, l. 1. La loi Aquilia se composait de trois chefs ou chapitres que nous allons examiner successivement.

Le premier chef de cette loi s'occupait du cas où un individu avait causé du dommage à quelqu'un en tuant l'un de ses esclaves, ou l'un de ses animaux domestiques utiles, ce qui comprend, nous disent les jurisconsultes, les bœufs, les chevaux, les mulets, les ânes, les brebis et les chèvres. Selon Labéon, il faut même joindre à cette énumération les porcs, qui comme les précédents paissent en troupeaux. Mais on ne doit pas y ajouter les chiens, bien qu'ils soient des animaux domestiques ni aucune autre espèce de carnivores. Quant aux éléphants et aux chameaux, lors de leur apparition en Italie avec Pirrhus, on douta d'abord s'ils devaient être compris sous les expressions de la loi *quadrupedem vel pecudem*, car leur nature est sauvage; mais en considération des grands services qu'ils rendirent aux Romains, les jurisconsultes leur pardonnèrent bientôt leur sauvagerie et leur origine, en les comptant dans la classe des animaux domestiques utiles, protégés par cette loi. D. IX-2. L. 2, § 2.

Le second chef prévoyait le cas où un *adstipulateur* aurait fait périr la créance du stipulant en libérant le *promissor* par acceptilation, et il donnait contre lui une action du double de la créance. Nous savons que les adstipulateurs avaient été imaginés par les prudents pour éluder la rigueur du droit civil qui n'admmettait pas la validité des stipulations *post mor-*

tem stipulantis. Après la mort du véritable créancier, au profit duquel l'obligation n'avait pu naître, puisqu'il n'était plus de ce monde quand elle s'était formée, elle naissait dans la personne de l'adstipulateur, qui pouvait être contraint par une *actio mandati*, à en restituer le profit aux héritiers du stipulant. Mais lorsque Justinien eut reconnu la validité des stipulations *post mortem*, l'adstipulateur tomba en désuétude, disparut de la législation, et entraîna avec lui l'abrogation du deuxième chef de la loi Aquilia, de sorte qu'avant la découverte du manuscrit de Gaïus, nous ne savions absolument de quoi il était question dans ce chef. Comme l'adstipulateur qui libérait le débiteur en fraude du stipulant, du véritable créancier, était tenu par l'*actio mandati directa* d'indemniser ce dernier du tort qu'il lui avait causé, nous ne savons pas pourquoi la loi Aquilia établit une action particulière contre lui. Tout ce que l'on peut dire en faveur de son introduction, c'est qu'elle était plus avantageuse, puisqu'elle entraînait une condamnation au double *adversus inficiantem*.

Le troisième chef, qui est le complément des autres, s'occupe de la répression des dommages causés par la destruction des choses qui ne sont pas comprises dans le premier et le deuxième chef, et aussi des dommages causés par la détérioration de toutes espèces de choses. Ainsi il réprime le dommage causé par la mort d'un animal qui ne paît pas en troupeau, comme un chien, un lion, un sanglier, et le dommage causé par l'incendie ou la démolition d'un bâtiment, par des blessures faites à un esclave ou à un cheval, par les altérations commises sur un acte établissant la preuve d'une créance, ou sur les tables d'un testament. Les jurisconsultes expliquent longuement les trois termes de ce chef, *usserit*, *ruperit*, *corruperit*, et donnent une foule d'exemples qu'il serait trop long de rapporter ici. Du reste, cela est inutile, car le mot détériorer les comprend tous.

SECTION II.

Eléments du *damnum injuria datum*.

Les éléments constitutifs du *damnum legis Aquiliæ* sont au nombre de trois : un dommage causé à autrui, l'action d'un corps sur un autre, l'absence de droit chez celui qui agit.

1. *Un dommage causé à autrui.*— En général, tous les faits de destruction et de dégradation des choses appartenant à une personne lui causent un préjudice. Cependant les jurisconsultes discutent froidement sur le point de savoir si un acte d'atroce barbarie, la castration d'un esclave, cause un préjudice au maître de l'esclave, et par suite s'il constitue ou non un *damnum legis Aquiliæ*. Comme la mutilation donnait du prix à la marchandise, Vivianus décidait qu'il n'y avait pas de délit, parce qu'il n'y avait pas de dommage.

Lorsqu'une personne tue l'esclave dont elle est créancière en vertu d'une stipulation, elle ne cause aucun dommage au débiteur, s'il est en demeure d'en faire la tradition, et par conséquent il ne commet pas le délit de la loi Aquilia. De même lorsqu'un testament contenant un legs conditionnel ou un écrit portant promesse de payer sous condition, a été détruit, il n'y a de dommage causé au légataire ou au créancier, et parconséquent de délit qu'autant que la condition s'est réalisée.

II. *Un dommage causé à un corps par un corps.*

Pour qu'un fait illicite et préjudiciable à autrui constitue un dommage selon la loi Aquilia, un *damnum injuria datum*, il faut que l'auteur l'ait produit lui-même, en donnant la mort, en faisant des blessures ou en détruisant quelque chose, soit avec ses mains, ses pieds, sa tête, ou quelqu'autre partie de son corps, soit avec une arme qu'il tient dans ses mains, en un mot il est indispensable que l'agent du dommage ait été en contact immédiat ou du moins médiat avec l'objet détruit ou dégradé. C'est ce que les jurisconsultes expriment en disant que le dommage doit avoir été causé par un corps sur un corps, *corpore corpori datum, si quis præcipue corpore suo damnum dederit*, dit Justinien, *hoc. tit.* § 16. Par exemple, lorsque j'étrangle un de vos esclaves en lui serrant le col dans mes mains, ou bien encore quand je lui donne la mort, en lui ouvrant la poitrine d'un coup de poignard, je commets un *damnum legis Aquiliæ*, parceque je détruis un corps et que je le fais de ma propre main D. 9-2, l. 7, § 1.

Dans tous les cas de dommages causés par destruction ou dégradation que l'auteur avait plutôt occasionnés que produits, c'est-à-dire dont il avait fait naître la cause, mais qu'il n'avait point commis avec ses mains, ses pieds ou des armes, il n'y avait point réellement *damnum injuria datum secundum legem Aquiliam*; car on se trouvait en dehors du texte de cette loi. Mais les jurisconsultes, tout en posant cette distinction, trouvèrent ces faits si peu différents des premiers, qu'ils crurent se conformer à la volonté du législateur en les soumettant à la même répression. Dans cette pensée, ils les assimilèrent aux dommages que la loi réprimait explicitement, et ils en firent ainsi une espèce de *damnum injuria datum*, sans leur en donner le nom. Nous verrons bientôt que toute la différence existant entre ces deux espèces de dommages ne consistait que dans le nom de l'action à laquelle ils donnaient naissance.

Par exemple, si je donne la mort à un esclave en lui versant du poison dans l'eau avec laquelle il va se désaltérer, ou dans le vin dont il est sur le point de s'enivrer, ce fait ne constituera pas un *damnum legis Aquiliæ*, car je n'ai pas touché le corps de cet esclave; mais comme j'ai néanmoins détruit son corps, je serais traité comme si j'avais commis un véritable *damnum legis Aquiliæ*. D. IX-2, l. 7, § 6. Les jurisconsultes romains nous ont laissé une quantité prodigieuse d'exemples de dommages *corpori sed non corpore data*, et il faut voir dans les textes à quelles subtilités ils se livrent pour distinguer dans les hypothèses douteuses si c'est un *damnum legis Aqui-*

liæ ou simplement *damnum corpori datum*. Ainsi Proculus avait commis l'hérésie de qualifier dommage selon la loi Aquilia le fait d'un homme qui s'était efforcé de faire mordre un passant par son chien; mais Julien dans ses annotations s'empressa de le ramener à l'orthodoxie en faisant remarquer que c'était un véritable délit de la loi Aquilia si l'excitateur avait tenu le chien pendant qu'il mordait ce passant, si non, que ce n'était qu'un dommage assimilé au délit prévu par cette loi. *D.hoc.tit.*l.11, § 5.

Quant à tous les autres dommages qui ne consistaient pas même dans la destruction ou la dégradation d'un corps, c'était une question entre les anciens commentateurs, et c'en est encore une aujourd'hui entre les modernes, de savoir s'ils devaient être assimilés aux dommages de la loi Aquilia, ou si au contraire ils devaient rester complétement en dehors de la sphère où s'exerçait cette loi. Quant à nous, nous pensons que ces derniers faits ne furent jamais compris dans le nombre des dommages réprimés par la loi Aquilia soit directement soit indirectement, parce que, ainsi que nous essayerons de le démontrer en expliquant les quasi-délits, ces faits n'avaient aucune analogie avec ceux dont elle s'occupait.

II. *Un dommage causé sans droit.* — Il faut que le fait qui a occasionné le dommage soit un fait illicite, contraire au droit, c'est-à-dire défendu par une loi. Cette violation de la loi est ce qu'on appelle une faute. La faute suffit ici pour l'existence du délit, et il n'est pas nécessaire comme nous l'avons vu pour le *furtum*, que l'auteur du dommage ait eu la volonté de le produire. Pour commettre une faute comme pour commettre un dol, il est indispensable d'avoir l'intelligence assez développée pour distinguer ce qui est permis de ce qui est défendu. Aussi ceux qui sont privés de raison, c'est-à-dire les fous et les enfants impubères, *infanti proximi* ne peuvent commettre de faute, et par conséquent de délit.

L'homme en général se rend coupable de faute quand il fait ce qu'il ne doit pas faire, ou quand il ne fait pas ce qu'il doit faire ; mais ce qui constitue la faute aquilienne, c'est un fait actif et non une simple omission, une négligence, car la loi Aquilia, d'accord avec la raison ne nous oblige pas à faire quelque chose dans l'intérêt d'autrui, mais bien à ne rien faire de contraire à cet intérêt.

Dans une autre partie du droit, dans la matière des contrats dont nous n'avons pas à nous occuper, la faute peut consister en une simple omission aussi bien que dans un fait actif, parce que celui qui a promis de faire quelque chose dans l'intérêt d'autrui, étant obligé par cette promesse comme il le serait par une loi, cause le même préjudice en manquant à cette loi particulière que s'il manquait à une loi générale. Pour indiquer ce caractère de la faute dans la loi Aquilia, on dit que c'est une faute *in committendo, sed non in omittendo*. Si légère que soit la faute, du moment qu'elle existe, elle suffit pour constituer le délit, et pour savoir s'il y a faute on apprécie l'acte dommageable non par rapport à celui qui l'a commis, mais par rapport aux hommes en général, *in abstracto*.

Dans l'impossibilité où nous sommes de passer en revue tous les faits constitutifs de faute que nous offre ce titre des Pandectes, nous nous bornerons à citer les suivants :

C'est une faute de ne pas prévoir ce que l'on devait prévoir. Ainsi quand je mets le feu aux tiges de froment qui recouvrent mon champ, si le vent emporte des étincelles sur le champ de mon voisin encore couvert de blé, et incendie sa récolte, je suis en faute, parce que je devais prévoir que le vent, causerait à mon voisin un dommage. Cependant si le vent ne s'est élevé que lorsque j'avais déjà mis le feu à la paille de mon champ je ne suis pas en faute, parce que au moment où j'ai enflammé le chaume il n'y avait aucun danger et que je ne pouvais pas prévoir ce qui est arrivé. De même celui qui émonde un arbre sur le bord d'un chemin et qui ne crie pas au large à ceux qui passent, est en faute si la branche les blesse en tombant.

C'est une faute de faire choix de mauvais serviteurs. Ainsi le colon qui a placé des esclaves de mauvaise conduite sur le fonds loué, est obligé d'indemniser le maître du fonds du tort que lui cause l'incendie arrivé dans les bâtiments par la méchanceté ou la maladresse de ces esclaves.

De même c'est encore une faute que d'entreprendre ce que l'on ne sait pas ou ce que l'on ne peut pas faire *imperitia culpæ adnumeratur*. Gaïus, l. 132, de R. J. Par exemple un médecin qui opère mal son malade, un esclave, ou qui lui administre un médicament à contre-temps et lui cause la mort, commet une faute et par suite un *damnum legis aquiliæ*, car son diplôme l'obligeait à ne pas être ignorant. Ainsi encore lorsqu'un cocher inhabile à diriger une voiture ou trop faible pour gouverner ses chevaux, écrase un esclave dans la rue, il est en faute, parce qu'il ne devait pas entreprendre de conduire s'il n'en était pas capable.

Mais il n'y a pas faute lorsque le dommage est arrivé par suite d'un fait que l'on ne pouvait pas prévoir. Par exemple lorsque j'émonde un arbre au milieu de mon champ, si quelqu'un vient à passer dessous au moment où les branches tombent et est blessé, je ne suis pas en faute parce que je ne pouvais pas prévoir qu'un homme viendrait là.

Il n'y a pas de faute non plus quand la loi permet ou ordonne le fait qui cause le dommage. C'est par application de ce principe que si un homme surprend sa femme en flagrant délit d'adultère avec un esclave et le tue, il ne commet aucune faute. De même si un voleur s'introduit la nuit dans une maison, le maître qui le tue ne commet point de faute, pourvu qu'il ait soin de crier au secours. Il n'en commet pas non plus en tuant même en plein jour un voleur qui se défend avec des armes. De même encore nous ne commettons point de faute en tuant un individu qui nous attaque à main armée, si nous n'avons pas d'autre moyen de protéger notre propre vie que de lui arracher la sienne.

Celui qui, pour protéger sa maison menacée par un incendie éclaté dans son quartier, démolit la maison du voisin n'est point en faute. Cependant pour qu'il en soit ainsi, il faut que sa maison soit très-sérieusement menacée, et qu'il n'ait aucun moyen de la préserver; car autrement s'il avait cédé à une crainte chimérique, sans fondement, il serait en faute.

SECTION III.

Actions nées *du damnum injuria datum.*

Le véritable dommage de la loi *Aquilia*, le *damnum injuria corpori corpore datum*, c'est-à dire causé par la lésion matérielle d'un corps par un corps, est réprimé par une action introduite et réglementée par cette même loi et appelée de son nom *actio legis Aquiliæ*.

Le préjudice que les jurisconsultes ont assimilé au dommage causé sans droit de la loi *Aquilia*, celui où se rencontre une lésion corporelle d'un corps, mais non une lésion faite par un corps, donne naissance à une action prétorienne calquée sur *l'actio legis Aquiliæ* et produisant les mêmes effets. C'est elle que nous trouvons désignée dans les textes sous les expressions diverses *d'actio utilis legis Aquiliæ*, *d'actio in factum legis Aquiliæ*, et même sous celle *datio in factum*. C'est cette dernière qualification de l'action utile qui a donné lieu à la question de savoir si les dommages où ne se rencontre pas même de lésion corporelle, ne doivent pas être compris dans la classe de ceux assimilés au délit réprimé par la loi *Aquilia*.

L'action *legis Aquiliæ* appartenait au propriétaire de la chose détruite ou détériorée, sans qu'il y eût à distinguer comme pour l'*actio furti*, si cette chose était en sa possession ou si elle n'y était pas. Mais elle n'appartenait qu'à lui seul; car les expressions *tantum æs dare domino damnas esto* dont la loi Aquilia s'était servie pour établir le droit à la réparation ne permettaient pas de la donner à d'autres, quelque pût être leur intérêt. Cependant comme il était juste et conforme du moins à l'esprit de la loi que tous autres que le propriétaire qui éprouvaient un préjudice par suite de la destruction ou de la dégradation d'une chose sur laquelle ils avaient quelque droit, pussent en obtenir la réparation, le préteur vint à leur secours : il leur accorda la formule de l'action de la loi Aquilia en les considérant fictivement comme propriétaires. Cette action ainsi modifiée, accommodée, est connue aussi sous le nom d'*actio utilis legis Aquiliæ*, comme celle dont nous venons de parler ci-dessus. Mais elle en diffère en ce qu'elle a une *intentio* de droit civil, en ce qu'elle est conçue *in jus*, tandis que l'autre est conçue en fait, c'est-à-dire que le préteur raconte seulement le fait et donne mission au juge de condamner soit à une somme déterminée, soit au montant de l'intérêt, si le fait est justifié. D. 9-2. L. 11, § 6. G. IV, 34-37, 46.

Ainsi lorsqu'un esclave donné en gage a été tué par la faute de quelqu'un, le propriétaire a l'action de la loi Aquilia, et le créancier l'action utile, s'il avait intérêt à conserver son gage, par exemple si son action était du nombre de celles qu'on appelait temporaires et déjà éteintes par prescription, ou si le débiteur était insolvable. Cependant comme il serait injuste que l'auteur de la mort de l'esclave dût être condamné à une indemnité plus considérable par cela seul que l'esclave était engagé à la sûreté d'une créance, le créancier aura l'action utile jusqu'à concurrence de sa créance, à la charge par lui d'en faire l'imputation, et le débiteur, propriétaire, pour le surplus. Au fond, c'est le débiteur qui profitera de l'exercice de l'action, puisque l'émolument aura servi à éteindre sa dette.

Il en est de même lorsqu'une chose soumise à un droit d'usufruit ou d'usage a été détruite ou dégradée. L'action de la loi Aquilia est donnée au propriétaire pour le dommage que lui cause la perte de son droit de nue-propriété, et l'action utile à l'usufruitier, ou à l'usager pour le préjudice qu'il éprouve par suite de la perte de son droit d'usufruit ou d'usage. Ainsi encore l'action utile appartient au possesseur de bonne foi d'une chose détruite ou endommagée ; car ce fait lui cause un préjudice qu'il est juste de faire réparer.

Comme il n'était pas facile en certains cas de dire,

selon les principes du droit romain, si une chose avait un maître et quel était ce maître, il ne l'était pas non plus, par conséquent de dire à qui devait appartenir l'action de la loi Aquilia. Par exemple, quand un esclave faisant partie d'une succession non encore acceptée, avait été tué, les jurisconsultes n'étaient pas d'accord sur le point de savoir s'il y aurait lieu à une action aquilienne ou non, parce que l'esclave leur semblait être sans maître. Presque tous décidaient la négative ; mais Celsus faisant usage de la fiction *hereditas personam defuncti sustinet*, pensait qu'il naissait dans ce cas une action aquilienne que l'héritier trouvait avec les autres biens dans l'hérédité.

Lorsqu'un esclave légué a été tué avant l'adition d'hérédité, l'action reste à l'héritier qui a accepté plus tard et ne passe pas au légataire, car l'existence de l'esclave au jour de l'adition était nécessaire pour qu'il en devînt propriétaire. Mais si l'esclave n'a été que blessé, l'action trouvée dans l'hérédité par l'héritier qui a fait adition doit être par lui cédée au légataire.

Lorsqu'au contraire, l'esclave légué a été tué après l'adition, l'action de la loi Aquilia appartient-elle à l'héritier ou au légataire ? La réponse se trouve dans la loi 13, § 3 *hoc tit.* qui a causé de grands tourments à nos anciens commentateurs, parce qu'ils ignoraient que les jurisconsultes romains étaient divisés sur le point de savoir à quel moment le légataire devenait propriétaire de la chose à lui léguée. Les sabiniens pensaient que c'était au moment de l'adition et par le seul fait de l'adition pourvu que le légataire ne répudiât pas. Les proculiens au contraire croyaient que ce n'était qu'à partir de l'acceptation du legs faite par le légataire et leur opinion prévalut dans un rescrit d'Antonin. Aussi Julien, qui était de cette école, dit-il que l'action aquilienne appartiendra au légataire, pourvu qu'il ait accepté son legs avant la mort de l'esclave. Nos anciens auteurs, qui ignoraient cette controverse que Gaïus, II-195, nous a révélée, cherchaient partout le moyen de détruire la malheureuse négation de la petite phrase : *si non post mortem servi agnovit legatum*, pour en faire une simple antithèse de mots avec celle qui suit. Aussi, bien que cette négation se trouvât dans tous les manuscrits des Pandectes, n'hésitaient-ils pas à la mettre sur le compte du copiste, comme le font tous ceux qui ne veulent rien ignorer des institutions d'un peuple mort depuis quinze siècles.

Les Romains ne considéraient pas l'homme comme propriétaire de son corps ; aussi ne donnaient-ils l'action de la loi Aquilia ni à celui qui avait été blessé, ni aux héritiers de celui qui avait été tué. C'était encore là un cas où le préteur donnait une action utile pour faire réparer le dommage. Cette action utile n'était point ici la même que dans les autres cas d'extension à raison des personnes ; car l'homme libre ne pouvant être regardé comme propriétaire de ses membres ; le préteur ne pouvait pas supposer une chose impossible et dire *ficto domino*. Il avait sans doute recours à une formule *in factum*, c'est-à-dire qu'il racontait au juge ce qui s'était passé. D. 9. 2, l. 13 pr.

Par application de ce principe, lorsqu'un esclave blessé mortellement était affranchi et institué héritier par son maître, il ne pouvait agir par l'*actio legis Aquiliæ*, bien qu'il l'eût trouvée dans la succession, et après sa mort ses héritiers ne le pouvaient pas non plus parce que les choses avaient été mises en tel état par son affranchissement, que l'action directe s'était éteinte ; mais ils avaient *l'actio in factum*, trouvée dans sa succession. Si l'esclave ainsi blessé et affranchi n'avait été institué que pour une portion de l'hérédité, ses cohéritiers auraient pu, après sa mort, exercer l'action aquilienne trouvée par eux dans l'hérédité. La L. 36, § 1. *de leg. Aq.* qui le décide ainsi a donné lieu à une difficulté. On s'est demandé si l'action directe appartenait en entier aux cohéritiers de l'esclave blessé et institué, ou si elle ne leur appartenait que pour une portion égale à leur part d'hérédité, l'autre portion restant sous la forme d'action utile aux héritiers du blessé. Cujas adoptait le premier parti en l'appuyant d'un argument d'analogie tiré de la L. 23. § 3 *de acq. rer. dom.* qui, s'occupant de l'acquisition faite par un esclave commun à deux maîtres, décide que si l'un ne peut acquérir, l'autre bénéficie de tout ce qui advient à l'esclave.

L'action utile de la loi Aquilia est donnée à tous ceux auxquels la mort ou la blessure d'un esclave ou d'un animal, la destruction ou la dégradation de tout autre objet matériel a fait éprouver un préjudice, aux créanciers gagistes, usufruitiers, locataires, commodataires aussi bien qu'au propriétaire.

Ces actions, l'action *legis Aquiliæ* et l'action utile conçue soit *in jus*, soit *in factum*, passent aux héritiers de ceux auxquels elles appartiennent, car ce sont des droits acquis, entrés dans leur patrimoine, et nous savons que les héritiers succèdent aux droits comme aux autres choses du patrimoine.

Elles se donnent contre l'auteur ou contre tous les auteurs du dommage causé sans droit. Et il faut bien remarquer qu'elles sont données pour le tout, *in solidum*, contre chacun des auteurs du dommage, et que le paiement de l'indemnité effectué par l'un d'eux ne libère point les autres qui sont encore passibles de ces actions, comme si le dommage n'avait point déjà été réparé. Cette décision rigoureuse semble contraire au but de l'action aquilienne, qui est surtout de faire réparer le préjudice occasionné à autrui; mais elle se comprendra bientôt, quand nous saurons que cette action est tout à la fois persécutoire d'une chose et d'une peine, et surtout quand nous aurons vu comment se calcule le montant du dommage. C'est par application de ce principe qu'on décide que si plusieurs personnes ont fait tomber une poutre sur un esclave et l'ont écrasé, l'action aquilienne sera donnée contre chacune d'elles, comme si elle avait seule poussé la pièce de bois dont la chute a causé la mort de l'esclave.

Cependant, comme il est possible que plusieurs personnes prennent part à un fait portant préjudice à autrui, sans causer le même dommage, les jurisconsultes décidaient que si l'on pouvait reconnaître le dommage commis par chacun des auteurs, chaque auteur ne serait tenu que du dommage par lui causé. Ainsi, lorsque plusieurs individus ont frappé un esclave qui est mort de ses blessures, l'action est donnée contre tous; mais si l'on peut distinguer de quelle main est parti le coup qui a donné la mort, celui-là seul qui l'a porté sera tenu de réparer le dommage résultant de la mort, tandis que les autres ne seront tenus que du dommage résultant des blessures par eux faites. Cette distinction est fort importante, car le mode de calculer le dommage n'est pas le même dans les deux cas.

Ces actions ne sont pas toujours données contre celui qui a causé matériellement le dommage, et à l'inverse elles sont quelquefois accordées contre celui qui n'a pas occasionné un préjudice directement. A ce propos, on dit souvent que l'homme en certains cas est responsable de la faute de certaines personnes; mais cela n'est pas exact au fond, car jamais un homme ne peut être responsable que de sa faute, que d'un acte accompli par lui contrairement au droit ou d'une omission contraire à une convention qui le lie comme une loi. Ce qui est vrai, c'est qu'en raison des rapports de supériorité et d'infériorité qui peuvent exister entre deux personnes, l'une, celle qui commande, peut être responsable des faits dommageables accomplis par l'autre, celle qui obéit. Mais ce n'est qu'une application du principe que nous ne sommes responsables que de nos fautes; car, ici, celui qui est en faute, c'est celui qui a ordonné une chose contraire au droit, qui s'est servi en quelque sorte des mains d'un autre, comme d'un instrument pour causer à autrui un dommage.

C'est une application de ce principe que fait Javolenus dans la loi 37, *ad leg. Aq.*, lorsqu'il dit : si un homme libre, sur l'ordre d'un autre, cause du dommage à autrui, en détruisant ou en détériorant quelque chose de sa propre main, l'action aquilienne sera donnée contre celui qui a donné l'ordre de commettre le délit, si toutefois, il avait autorité sur celui qui l'a exécuté, sinon, elle sera donnée contre celui qui l'a exécuté. C'est encore par suite de ce même principe que le maître qui laisse commettre un acte dommageable par son esclave est obligé de le réparer comme s'il l'avait commis lui-même, parce qu'en le laissant faire il est censé l'avoir commandé, l'esclave n'étant qu'un corps animé de la volonté de son maître.

L'*actio legis Aquiliæ et l'actio utilis* ne sont point données contre les héritiers des auteurs d'un *damnum injuria datum*. Cette disposition qui nous choque parce que nous ne pouvons pas comprendre comment une obligation, une fois née peut être affectée d'une modification par cette seule circonstance que le débiteur est mort, est injustifiable en logique aussi bien qu'en équité. En effet nos obligations comme nos créances font partie de notre patrimoine et au même titre; elles sont transmissibles à nos héritiers qui continuent notre personne ou à nos successeurs qui reçoivent l'universalité de nos droits. Les obligations résultant de nos faits illicites, loin de faire exception à cette règle, sont au contraire celles qu'il y a le plus de motifs d'y soumettre, car c'est toujours malgré elle que la victime du dommage est devenue créancière, qu'une chose est sortie de son patrimoine, puisque c'est par suite d'une violation des règles du droit que naît l'obligation de réparer.

Cette anomalie dans le droit romain s'explique par cette considération historique que l'action aquilienne pouvant, comme nous le verrons bientôt, donner un résultat supérieur au dommage éprouvé, fut considérée par les jurisconsultes tout à la fois comme réparatrice et comme pénale. Ils auraient dû la donner contre les héritiers de l'auteur du dommage, au moins jusqu'à concurrence du préjudice réellement souffert ; mais ils ne firent pas cette distinction des deux éléments de cette action ; ils s'arrêtèrent à la pensée qu'elle était pénale et que toute peine étant essentiellement personnelle à l'auteur du délit, ne doit pas être supportée par ses héritiers. Ce qui aida beaucoup à cette confusion, ce fut le mode d'exécution des autres actions pénales, qui, ayant pour objet une peine pécuniaire, s'exécutaient sur les biens du coupable comme les actions réparatrices. Cela est si vrai que les jurisconsultes donnaient les actions de la loi Aquilia contre les héritiers, jusqu'à concurrence du profit qu'ils avaient retiré du dommage causé par leur auteur.

Nous avons maintenant à voir comment se fait l'estimation du dommage causé sans droit. Cette estimation n'est pas la même dans les deux chapitres de la loi dont nous nous sommes occupés ; il y a pour chacun d'eux un mode particulier. Dans le premier, le dommage est estimé à la plus haute valeur de l'animal tué pendant l'année qui a précédé le délit. Dans le troisième, c'est la plus haute valeur dans les trente jours qui ont précédé le délit. Il est vrai que la loi dans le troisième chapitre ne répète pas le mot *plurimi* qui se trouve dans le premier; mais les jurisconsultes avaient pensé qu'il suffisait de le trouver dans le premier chapitre de la loi pour l'appliquer au troisième, complément du premier, et Justinien a confirmé leur interprétation.

Mais en quoi consistait cette plus haute valeur dans l'année ou dans les trente jours qui avaient précédé le délit ? Pour répondre à cette question, il faut distinguer les temps. D'abord ce ne fut que l'estimation du dommage matériel, la valeur vénale de la chose détruite ou le montant de la dépréciation que le dommage faisait subir à la chose détériorée ; ensuite les jurisconsultes firent entrer dans cette estimation toutes les pertes que le dommage avait occasionnées, même indirectement.

Ainsi dans le premier chef, lorsqu'un esclave institué héritier est tué par la faute de quelqu'un, le maître doit être indemnisé non-seulement de la plus haute valeur que l'esclave a eue dans l'année qui a précédé sa mort; mais encore, de la valeur de la succession qu'il a manqué de recueillir par suite de la mort de son esclave. De même dans le troisième chef, lorsqu'un cheval faisant partie d'un attelage de deux ou de quatre chevaux assortis de taille et de poil a été blessé, ce n'est pas seulement la dépréciation subie par le cheval seul qui doit entrer dans l'estimation du dommage, c'est encore la dépréciation de tout l'attelage rendu incomplet par l'absence du cheval blessé.

Comme le disent les jurisconsultes romains, l'estimation du dommage c'est le montant du plus haut intérêt, la plus grande utilité, *utilitas*, que la personne à laquelle un dommage a été causé avait à ne pas le souffrir. Mais on ne comprend jamais dans cette utilité que la valeur appréciable en argent dont la victime est privée; on n'y fait point entrer le prix d'affection, ni le prix de convenance.

Il n'est pas nécessaire que l'intérêt à ce que le dommage ne fût pas causé existe au moment où l'action est intentée, il suffit qu'il ait existé à une époque quelconque de l'année ou des trente jours qui ont précédé le jour où le fait dommageable a été commis. C'est ce que Paul nous apprend dans l'espèce suivante: « J'ai promis à Titius mon esclave Stichus ou mon esclave Pamphile. Le premier vaut dix écus, le second en vaut vingt. Puis Titius a tué Stichus avant de m'avoir mis en demeure de lui livrer l'un des deux esclaves. Le montant de mon intérêt, c'est la valeur, non pas de Stichus qui a été tué, mais de Pamphile que je suis obligé de livrer pour exécuter mon obligation ; car ayant la faculté de me libérer par le paiement de l'un ou de l'autre, j'aurais pu le faire avec Stichus, s'il n'eût pas été tué, et Pamphile me serait resté; c'est donc vingt écus que j'obtiendrai de Titius.

Si dans la même espèce nous supposons que Pamphile est mort depuis que Titius a tué Stichus, le montant de mon intérêt sera encore de la valeur de Pamphile, c'est-à-dire de vingt, et voici pourquoi : pour apprécier le dommage que me cause la mort de Stichus, je puis me placer à quel moment je veux dans l'année qui l'a précédée. Or, en me plaçant au jour même de cette mort, il se trouve que j'avais un intérêt de vingt à ce que Stichus ne fût pas tué, puisqu'en le livrant je conservais Pamphile. Il est vrai que les deux esclaves ayant péri sans ma faute, l'un de mort violente, l'autre de mort naturelle, je suis libéré de mon obligation, et que je ne souffre ainsi aucun préjudice de la mort de Stichus; mais c'est là un fait postérieur qui ne peut porter aucune atteinte à un droit acquis, entré dans mon patrimoine. La solution serait exactement la même si Pamphile était mort d'abord, et que Titius eût ensuite tué Stichus, avant que je ne fusse en demeure ; car en me plaçant à une époque antérieure à la mort de Pamphile, comme le permet la loi, pourvu que ce soit dans l'année, j'établis encore un intérêt puisque, pouvant à ce moment me libérer avec Stichus, Pamphile me restait. Il faut convenir que si ce sont là des conséquences logiquement tirées du principe, elles n'en sont pas moins fort iniques. Par ces subtilités, les jurisconsultes arrivaient sous prétexte de faire réparer un préjudice, à dépouiller une personne pour en enrichir une autre, qui n'avait en réalité souffert aucune perte.

L'année ou les trente jours dans lesquels le demandeur peut se placer pour faire l'estimation de son intérêt, se comptent à partir du jour où le dommage a été causé en remontant dans le passé. Cette règle ne présente aucune difficulté s'il s'agit d'apprécier le dommage causé à une personne par le meurtre de l'un de ses esclaves mort sous le coup qui l'a frappé, ou par des destructions ou détériorations de choses réprimées par le troisième chef de la loi Aquilia; mais il en est autrement quand un esclave ou un animal blessé mortellement a vécu encore quelques jours après avoir été blessé. On pouvait alors douter si l'année commencerait à courir du jour où les blessures avaient été faites, ou de celui où l'animal avait succombé. Par exemple, si mon esclave blessé mortellement par Primus est ensuite tué par Secundus, devra-t-on compter l'année à partir de la mort de l'esclave même pour Primus? Julien pense qu'on ne doit compter l'année en ce qui concerne Primus, que du jour où il a fait les blessures. La question présente de l'intérêt, car dans le système de Julien, Primus ne doit point d'indemnité pour les successions auxquelles l'esclave a pu être appelé dans l'intervalle compris entre le jour où il a été blessé et celui de sa mort, tandis qu'il en devrait une dans le système contraire. La question s'était élevée à Rome, mais pas dans ces termes. On s'y demandait dans le cas qui nous occupe, s'il fallait appliquer à Primus le premier chef de la loi Aquilia, ou le troisième. Julien appliquait le premier avec la distinction ci-dessus relativement au calcul de l'année ; Celsus, Marcellus et Ulpien, au contraire, appliquaient le troisième.

Comme nous l'avons dit plus haut, quand plusieurs personnes ont causé simultanément ou successivement un même préjudice en détruisant ou en détériorant la même chose, chacune d'elles est obligée de réparer le dommage entier, et le paiement fait par l'une ne libère point les autres. Nous pouvons maintenant essayer d'en donner la raison. Deux motifs ont pu amener les Romains à cette conclusion : d'abord la ressemblance de cette action avec les actions pénales dans lesquelles il est de principe que chaque coupable doit être puni, et que la peine subie par l'un ne libère pas les autres. Nous avons déjà vu un triste effet de cette confusion de la loi Aquilia avec les actions pénales dans le refus de la donner aux héritiers de la victime. Ensuite la déduction logique du principe que la victime peut se placer à quel moment de l'année il lui plaît pour estimer le dommage que lui cause le délit. La personne qui avait souffert un préjudice pouvait, en effet, après avoir intenté son action contre l'un des auteurs du délit, l'exercer de nouveau contre un autre en faisant l'estimation de son intérêt à une époque un peu plus reculée que celle à laquelle elle avait placé l'estimation lors de la première instance; et l'on ne pouvait pas objecter qu'à ce moment là elle n'avait pas d'intérêt, puisque le dommage n'étant pas réparé, elle en avait incontestablement un à ce qu'il le fût. Ce raisonnement, conforme au texte de la loi, était aussi loin de la pensée du législateur que de l'équité. Cette solution et celle que nous avons rapportée ci-dessus dans l'espèce du créancier qui a tué l'esclave qui lui était dû, ne sont que des subtilités contre lesquelles on ne saurait assez protester; car elles dénaturent le vrai sens des lois, qu'elles rendent iniques, en faisant du malheur de l'un une source de fortune pour l'autre.

Pour en finir avec la loi Aquilia, nous devons dire que l'action par elle introduite était de celles qui se doublaient contre le défendeur quand il refusait de se reconnaître l'auteur du fait dommageable dont la réparation lui était demandée. *Adversus inficiantem in duplum actio.*

CHAPITRE III.

DES INJURES.

NOTIONS HISTORIQUES.

Le mot *injuria* sous lequel est désigné le délit dont il va être question dans ce chapitre n'a pas ici le même sens que dans le *damnum injuria datum*. Dans ce dernier délit, en effet, il a une acception générale et signifie tout ce qui est fait sans droit ; ici au contraire il est pris dans une acception particulière et signifie outrage, affront, *contumelia*.

La loi des XII Tables contenait une disposition spéciale sur le délit d'injure, et c'est dans cette partie du plus ancien monument législatif de Rome que nous trouvons des vestiges du système de la vengeance privée, du talion et des compositions que les Germains devaient rapporter huit siècles plus tard au sein de l'empire. Nous ne savons pas exactement quels faits cette loi déclarait injurieux ; nous y trouvons bien une disposition qui considère comme tels et frappe de peines dont nous parlerons bientôt : les membres rompus, les os fracturés, les coups et les écrits diffamatoires, mais nous n'y voyons rien concernant les injures verbales. Cependant comme ce monument ne nous est parvenu qu'en lambeaux épars çà et là, au milieu des écrits des historiens et des jurisconsultes, il est probable qu'il contenait sur les injures d'autres dispositions qui nous sont inconnues.

Le préteur fit sans doute en cette matière ce qu'il faisait dans les autres ; il combla les lacunes du droit civil en appliquant les peines du droit civil à des faits injurieux omis par les décemvirs dans les tables de la loi, ou en les frappant de peines de son invention.

Enfin vint une loi *Cornelia*, que l'on croit être

la même que le *plébiscite Cornelia de sicariis*, rendu sous *Cornelius Scylla* en l'an 672 ou 673 de Rome. Cette loi statuait sur trois faits injurieux : une personne a été frappée, une personne a été poussée ; le domicile d'une personne a été violé, on est entré malgré sa défense. Si elle n'avait eu pour objet que l'introduction d'une action pénale privée ou civile, elle nous paraîtrait une superfétation dans la législation romaine, au moins pour deux des trois cas dont elle s'occupe. Aussi croyons-nous qu'elle organisait un *judicium publicum* pour la répression de ces faits. En effet, qu'était-il besoin pour ces deux cas, une personne frappée et une personne poussée, de faire une loi spéciale, puisqu'ils étaient déjà compris dans cette disposition des XII Tables paraphrasée par Gaïus, III-223 *propter cæteras vero injurias*, et que d'un autre côté la peine édictée par la nouvelle loi n'était pas plus forte que celle par laquelle le préteur avait remplacé la peine des XII Tables. Mais les troubles auxquels la société romaine était en proie à l'époque de la confection de cette loi exigeaient un redoublement de sévérité contre les attentats à la sécurité des personnes et à la conservation des biens. Paul semble même dire que cette loi ne fut qu'une fusion de la loi des XII Tables avec le droit prétorien ; car il la désigne par cette expression : *mixto jure*.

Les préteurs firent pour cette loi ce qu'ils avaient déjà fait pour la loi des XII Tables : ils en étendirent les dispositions par interprétation à tous les faits injurieux qui ne se trouvaient pas identiques à ceux sur lesquels elle avait statué, mais qui n'en différaient que de fort peu; et l'on reconnut alors que l'injure pouvait avoir lieu de trois manières différentes : 1° par des violences exercées sur la personne ou sur les biens ; 2° par des paroles calomnieuses ; 3° et par des libelles diffamatoires, *hoc. tit.* § 1. *Injuriam fieri Labeo ait aut re aut verbis : re quoties manus inferuntur, verbis autem quoties non manus inferuntur, convitium fit.* D. 47.- 10 L 1 § 1. Le *convitium* est une espèce d'injure *verbis*, celle qui est faite publiquement avec de grands éclats de voix. Cependant nous pensons qu'au temps de Paul, ce mot a perdu sa signification particulière et désigne toute espèce d'injure par paroles.

Section I.

Naissance de l'injure.

Si nous recherchons quels sont les éléments essentiels de ce délit, ce qui est indispensable pour pouvoir dire qu'il y a injure, nous en trouvons deux : l'intention, la volonté de faire affront, d'outrager, et le fait qui est la mise en œuvre de cette intention, de cette volonté. Ainsi la simple faute, *culpa*, ne suffit pas pour constituer une injure comme elle suffit pour donner l'existence à un dommage causé à tort : il est nécessaire pour l'injure comme pour le vol, que l'intention, *dolus*, ait joué un rôle dans la perpétration du fait *injurieux*, 47-10, l. 3, § 2.

Il n'y a donc point de délit d'injure à reprocher

au devin qui, consulté par moi sur un vol commis à mon préjudice, me répond que Titius en est l'auteur, parce qu'en exerçant ainsi sa profession, il n'a point eu l'intention d'injurier Titius. Mais il n'est pas nécessaire que la volonté d'injurier soit appliquée à une personne déterminée; il suffit qu'elle existe d'une manière générale : par exemple, lorsque je frappe Titius croyant frapper Mævius, je n'en commets pas moins le délit d'injure 47-10, l. 18, § 2.

Quant au fait, il doit être de nature à jeter du mépris sur la personne contre laquelle il est dirigé, à porter atteinte à l'estime que les hommes ont pour elle, en un mot à ce que nous appelons considération. Lors donc qu'un juge improbe prononce contre moi dans un procès avec l'intention bien arrêtée de me vexer, il ne commet pas le délit d'injure, parce que ce fait n'est pas de nature à porter atteinte à ma considération.

Les jurisconsultes et les préteurs avaient poussé si loin l'interprétation des dispositions de la loi des XII Tables et de la loi *Cornelia* que vers le temps où Justinien ordonna la confection de sa compilation, il eût peut-être été impossible de trouver un seul fait de nature à troubler la tranquillité ou à ternir la réputation d'une personne qui ne fût point classée dans l'une de ces trois catégories d'injures.

Ainsi, dans la catégorie des violences, *re*, ils plaçaient le fait d'être entré dans un champ malgré le maître, parce que le propriétaire est chez lui dans tous ses fonds. C'est une large interprétation de l'expression : *Domus sua vi introita* de la loi Cornelia. Javolénus allait même jusqu'à dire que le propriétaire de l'étage inférieur qui faisait de la fumée pour incommoder le propriétaire de l'étage supérieur se rendait par là coupable d'injure ; mais Labéon ne partageait pas cette opinion, et avec raison, selon nous; car si c'est là un fait de nature à incommoder, il n'est pas injurieux.

De même, dans la catégorie des calomnies, *verbis*, ils rangeaient la tentative de corruption d'une femme ou d'une jeune fille. Ils atteignaient même les signes adressés à ces personnes, ou les assiduités par lesquelles l'homme cherche à leur faire comprendre sa passion. Ils considéraient aussi comme une injure le fait d'avoir interpellé une personne comme son débiteur, tandis qu'elle ne l'était pas.

Enfin, dans la catégorie des diffamations par écrits, *scriptis vel carminibus*, il y avait eu aussi des extensions, non pas quant aux aux écrits eux-mêmes; car la loi n'ayant point spécifié quelles espèces de diffamations elle entendait punir, les avait par cela même toutes embrassées dans sa généralité. Il n'y avait pas non plus à attendre d'extensions quant aux formes de l'écrit; car par les expressions *scriptis vel carminibus*, la loi avait sans doute voulu atteindre la prose et les vers. Mais l'interprétation avait rangé parmi les coupables, les individus qui avaient copié l'écrit incriminé,, ceux qui l'avaient publié, et ceux par les soins desquels il avait été répandu dans le public, c'est-à-dire, les imprimeurs, éditeurs et libraires d'alors.

La constitution de la famille à Rome, où le *pater familias* était en réalité, dans les premiers siècles, maître absolu de ses enfants, de sa femme et de ses esclaves, fit introduire dans le droit la théorie la plus irrationnelle qu'il soit possible d'inventer. Voici comment elle est formulée : une personne peut être victime d'une injure, non-seulement par elle-même, mais encore par les personnes soumises à sa puissance ou par les personnes qui doivent légalement être l'objet de son affection. Elle s'introduisit sous l'influence de cette idée que le maître peut être injurié dans ses biens comme dans sa personne, ce qui est toujours vrai ; et qu'un chef de famille est propriétaire de sa femme, de ses enfants et de ses esclaves, au même titre que de ses chevaux et de ses chiens, ce qui n'est pas vrai dans tous les temps. Ce dernier principe fut admis à Rome dans les premiers temps de la manière la plus absolue. Puis quand les mœurs se furent un peu adoucies, quand le droit entraîné par elles dans une autre sphère d'idées, reconnut que les enfants, les femmes et jusqu'aux esclaves étaient autre chose dans la maison que des animaux domestiques, qu'ils avaient une âme, l'intelligence du bien et du mal, comme les pères de famille et les maîtres, il fallut bien reconnaître aussi qu'ils pouvaient avoir des droits, qu'ils pouvaient être injuriés. Rationnellement alors, le chef aurait dû cesser de l'être ; mais il ne renonçait pas comme cela à sa propriété : il pouvait bien consentir à son amoindrissement, mais non à son extinction.

Pour tout concilier, les jurisconsultes posèrent en principe qu'un seul fait pouvait constituer deux ou même plusieurs délits d'injure. Nous pensons que le caractère avare des Romains a été pour une bonne part dans l'introduction de cette théorie; car ils avaient une idée trop exacte de la personnalité de l'homme au point de vue de ses obligations, quand ils disaient avec une logique inflexible, chacun n'est responsable que de ses actions, pour ne pas l'avoir sentie au point de vue de ses droits.

Nous allons examiner avec les textes qui nous ont été conservés dans les compilations justiniennes, par quelles personnes on pouvait injurier un chef de famille. L'énumération que nous allons en faire sera essentiellement limitative; car on comprend que, si l'on prenait à la lettre les expressions dont Ulpien s'est servi dans la loi 1, § 3, ci-dessus rapportée, on ne saurait où s'arrêter, et quand une personne aurait été injuriée, le genre humain tout entier pourrait se dire insulté et intenter l'action d'injure.

Rappelons-nous d'abord qu'il ne peut y avoir d'injure par voie de conséquence qu'autant que l'auteur du fait injurieux a eu la volonté d'injurier une personne autre que celle à laquelle il s'est adressé, par conséquent dans le cas seulement où il a su qu'elle était soumise à une *potestas* ou à un *affectus* quelconque. Mais il n'était pas nécessaire d'avoir eu la pensée d'injurier telle personne déterminée; il suffisait d'avoir voulu insulter un chef de famille en général.

Lorsqu'un chef de famille est injurié, ce fait constitue deux délits : l'un contre le fils, personne atteinte directement, l'autre contre le père ou aïeul, atteint indirectement, *per consequentias*. Il s'agit ici du fils de famille *alieni juris*, placé sous la puissance de son père ; mais ne s'agit-il que de lui ? Il semble bien qu'il devrait en être de même du fils *sui juris* ; car bien qu'il soit sorti de la famille, il n'en reste pas moins le fils de son père, et conséquemment il devrait être placé dans la classe des personnes qui font l'objet de son affection ; mais il n'en est rien ; il il n'est plus qu'un étranger pour son père qui n'en éprouve plus la moindre pour lui. Il y a encore une autre inconséquence qui nous frappe dans ce qui concerne le fils de famille, c'est que le fils soumis à la puissance de son père ne soit pas injurié dans la personne de son propre fils, bien qu'il n'ait pas sur lui la puissance paternelle ; car il doit avoir l'*affectus*. Cependant nous n'avons rencontré nulle part de texte qui puisse nous autoriser à changer d'opinion.

Lorsqu'une femme mariée a été victime d'un outrage, le mari se trouve aussi injurié par le même fait. Dans l'ancien droit le mari ne pouvait être atteint par les injures faites à sa femme, qu'autant qu'elle était devenue sa propriété, qu'il avait appesanti sur elle sa *rudis manus*. Ensuite une opinion plus philosophique, une opinion chrétienne, fondée sur les rapports intimes de l'homme et de la femme *sunt duo in carne una*, mal appliquée au droit de Rome, tendit à faire considérer le mari comme injurié, bien qu'il n'eût pas la *manus*, et elle finit par l'emporter sur l'autre. G. II, 130.

C'est alors que nous voyons un seul fait d'injure constituer quatre délits de cette nature. En effet, lorsqu'une femme mariée à un homme soumis au pouvoir de son père, et restée elle-même sous la puissance du sien, a été injuriée, il sort de ce fait un délit contre la femme elle-même, victime principale et directe, un autre contre le mari, un autre contre le père de la femme, enfin un autre contre le père du mari; ces trois dernières personnes victimes indirectes.

Cette décision, qui semble détruire la base sur laquelle nous avons assis cette théorie de l'injure par conséquence, ne fait au contraire que la fortifier; car la controverse dont nous parle Gaïus, montre que c'étaient bien là les vrais principes, et qu'il fallut les mettre de côté pour admettre que le mari fût injurié dans cette circonstance. La brèche une fois faite, on ne s'arrêta pas en aussi beau chemin, et le fiancé se regarda aussi comme atteint par les faits injurieux dirigés contre sa fiancée.

En principe, les esclaves ne peuvent être injuriés personnellement. Cela n'a rien d'étonnant; car ils sont principalement des choses, et accessoirement des personnes. Leur nature est mixte : en certain cas, on leur reconnaît quelques facultés, en d'autres ils ne sont que des choses. Ici le droit civil ne voyait en eux que des choses. Ils ne pouvaient jamais être injuriés par des faits de nature à constituer le délit d'injure ; mais leurs maîtres pouvaient l'être par eux, comme ils l'auraient été si quelqu'un leur eût envoyé de la fumée chez eux pour les incommoder. Un maître est injurié dans le corps de son esclave, quand le fait est de nature à constituer une injure atroce envers une personne libre.

Pour connaître dans quels cas un maître pourra se dire injurié par un fait injurieux dirigé contre l'un de ses esclaves, il nous faut donc voir ce que c'est que l'injure atroce. Une injure est atroce en raison de la qualité de la personne contre laquelle le fait injurieux est dirigé, ou en raison des circonstances dont elle est accompagnée. Lorsqu'un magistrat ou un sénateur est injurié par un simple citoyen, un père de famille par ses enfants, un patron par ses clients, ce fait constitue le délit d'injure grave. Les principales circonstances qui peuvent donner à l'injure le caractère d'injure grave, sont celles-ci : le fait injurieux consiste dans des violences graves, des coups portés avec des armes ou un bâton ; le fait injurieux consiste en une blessure faite dans une partie du corps très-sensible à la douleur et très apparente, par exemple à la figure ; le fait injurieux a été commis en public, au théâtre, au Forum ou en présence d'un magistrat supérieur.

Ainsi nous dirons donc que le maître est injurié, quand son esclave a été gravement blessé, quand il a reçu une blessure dans une partie très apparente et très sensible du corps, parce que ces faits, s'ils avaient été commis contre une personne libre, auraient constitué une injure atroce. Dans ces cas, en effet, il est évident que l'auteur de ces violences, en endommageant aussi fortement la propriété du maître, n'a pu avoir d'autre intention que de l'insulter, de porter atteinte à sa considération. Mais quand il s'est borné à envoyer un coup de poing ou de pied à un esclave, ou bien encore quand il l'a accablé d'invectives, le tout pour se divertir, comme il n'a fait aucun tort à la propriété du maître, ce dernier se regarde comme entièrement désintéressé.

Le préteur cependant, plus philosophe que les législateurs, a vu dans l'esclave ce qu'ils n'y avaient pas cherché, un homme digne de la protection des lois, et il lui a donné dans son édit cette protection, que les lois lui avaient refusée. Il promet une action contre ceux qui auront frappé un esclave ou l'auront soumis à la question sans le consentement de son maître. Dans tous les autres cas d'injures faites aux esclaves, il promet d'examiner les faits et de donner une formule pour en faire punir les auteurs, s'ils lui paraissent graves et établis. Bien que les esclaves fussent tous égaux en droit, il n'en est pas moins vrai qu'en fait leur condition était aussi variée que celle des hommes libres. Le préteur, dans l'examen auquel il se livrait avant de donner une formule, prenait en considération la profession de l'esclave injurié; et le fait qu'il regardait comme suffisant dans la personne d'un intendant de son maître, il ne l'eût pas regardé comme tel dans celle d'un aide cuisinier. D. 47, 10 L. 15 § 44

L'esclave, comme toutes les choses susceptibles de propriété, peut appartenir à plusieurs personnes à la fois, soit quant à la propriété même, soit quant aux divers attributs dont elle se compose. Dans le premier cas, lorsqu'un esclave appartenant à deux maîtres en propriété est injurié atrocement, logiquement chacun des maîtres devrait être injurié pour une portion correspondante à sa part de propriété; mais cette opinion, qui a trouvé des défenseurs parmi les commentateurs, était-elle professée à Rome, c'est ce que nous ne savons pas. Toujours est-il que Justinien la rejette, et reconnaît que chaque maître sera injurié pour le tout, et qu'ainsi le fait constituera deux délits. Il y a cependant un texte au Digeste qui, loin de cadrer avec ce § 4, dit précisément le contraire ; mais on l'explique de manière à ne pas laisser de réplique. C'est, dit-on, de l'action prétorienne, c'est-à-dire de celle que le préteur a attachée au délit d'injure par lui introduit dans l'édit, dans l'intérêt de l'esclave, que parle ce jurisconsulte, 47-10. L. 16.

Lorsqu'un esclave, objet d'un usufruit est injurié, c'est en principe le maître de la propriété qui est présumé injurié. Cependant s'il résulte des circonstances que c'est à l'usufruitier que l'auteur de l'injure a voulu l'adresser, l'usufruitier seul sera injurié. Ainsi, tout dépend de l'intention ; c'est une affaire d'appréciation de fait.

Comme nous venons de le voir, un homme pouvait être injurié dans la personne d'un autre, qui lui-même ne l'était pas. Cela n'était point particulier à la personne des esclaves et se rencontrait aussi dans les injures faites aux fils de famille et aux femmes mariées. Par exemple, quand un fils de famille se laisse vendre comme esclave, par un compère, afin de se procurer de l'argent, le père est injurié, bien que le fils ne le soit pas. De même quand une femme mariée viole la foi conjugale et se livre à un homme, son mari est injurié, et pourtant elle est loin de l'être. Il est même à remarquer sur ce dernier cas que le mari est presque toujours injurié quand sa femme ne l'est pas; car les faits constitutifs d'injure pour lui sont souvent des preuves d'affection pour sa femme D. 47. 10 L. 26. 7

SECTION II.

Répression de l'injure.

Examinons maintenant le mode de répression et de réparation du délit d'injure dont nous venons de rechercher l'existence. Voyons tout d'abord le monument fondamental de la législation, la L. des XII Tables. Cette loi punissait les faits qu'elle avait qualifiés délits de peines de nature différente : contre celui qui avait rompu un membre, c'était le talion; la victime était autorisée à lui rompre aussi un membre. Contre celui qui avait fracturé un membre à un homme libre, c'était une indemnité de 300 as. Contre les auteurs de libelles diffamatoires, c'était la mort sous le bâton, *verberatio usque ad internecionem*. Contre celui qui avait commis d'autres injures, la peine était de vingt-cinq as. Nous sommes fort embarrassés de savoir quelles sont ces autres injures; car la loi qui ne parle que de membres rompus, d'os brisés et d'écrits diffamatoires, prononce contre chacun de ces délits une peine déterminée, de sorte qu'il ne reste plus rien à punir. Il est probable qu'elle contenait des dispositions sur d'autres délits d'injures, peut-être sur les injures verbales. Il est vrai que, d'après Aulus-Gellius, liv. 20, ch. 1, qui nous montre un riche citoyen Lucius Veratius, distribuant des soufflets aux passants dans les rues de Rome, soufflets qu'il payait, au prix du tarif, 25 as; la difficulté se trouve levée en partie, puisque voilà un cas que nous n'avons pas vu dans cette loi.

Ces peines, empreintes de la férocité et de la barbarie de l'époque, ne purent pas longtemps s'accommoder avec les progrès des mœurs. Le préteur fit pour elles ce qu'il avait fait pour d'autres; il cessa de les appliquer, et il les remplaça par d'autres moins sévères.

Le système du préteur est on ne peut plus simple; il ne se compose que d'une peine, laquelle est pécuniaire et indéterminée dans sa quotité. Le demandeur fixe lui-même devant le juge le montant de la peine; il tarife l'atteinte portée à sa considération, mais le juge peut réduire l'estimation s'il la trouve exagérée.

Lorsque l'injure est atroce, cette circonstance modifie un peu l'effet de l'action. Dans ce cas, le préteur a coutume, lorsque les parties se présentent devant lui, de constituer un *Vadimonium*, dont il fixe le chiffre sur le montant approximatif de la peine à prononcer, de sorte que le magistrat fait lui-même indirectement l'estimation de ce qu'il est convenable d'accorder au demandeur. Aussi le juge, bien qu'il ait toujours la faculté de prononcer une condamnation inférieure à l'estimation faite par le magistrat, n'en use jamais et se regarde comme lié par cette estimation. G. III. 221.

La loi Cornelia prononce aussi une peine pécuniaire dans les cas d'injures dont elle s'est occupée. Cette peine, comme celle établie par le préteur, n'est point déterminée dans sa quotité. Elle est laissée à la disposition du juge qui la fixe lui-même. C'est absolument la même que celle du préteur, car quelle différence y a-t-il entre ces deux estimations dont l'une est faite par le demandeur lui-même, mais que le juge peut diminuer, et l'autre faite par le juge seul? Il n'y en aucune, pas même d'apparente, car le juge, pour faire l'estimation dans le cas de la loi Cornelia, a besoin de renseignements, et qui donc les lui fournira si ce n'est le demandeur qui sera ainsi appelé à faire d'abord l'estimation de l'injure.

Dans cette estimation le juge doit prendre en considération les circonstances qui peuvent aggraver l'injure ou l'atténuer. Ainsi la condamnation doit être plus élevée quand l'injure a été faite à une personne d'une noble condition que lorsqu'elle est faite à un individu de la basse classe. De même pour les injures atroces, la condamnation était beaucoup plus forte que pour les injures ordinaires; mais alors comme nous l'avons dit, ce n'est plus le juge qui en détermine le montant, c'est le préteur. Il est bon de remarquer que cette distinction entre l'action prétorienne et l'action de la loi Cornélia n'est plus que de l'histoire dans le droit de Justinien qui veut que le juge fixe le montant de la condamnation selon la qualité de la personne offensée ou la fonction de l'esclave injurié.

Ces actions appartiennent aux personnes injuriées; mais elles ne sont pas toujours exercées par ceux dans la personne desquels elles sont nées.

Lorsque la personne injuriée est un chef de famille, c'est à lui qu'appartient l'action, et c'est lui qui l'exerce; mais quand un délit d'injure a été commis contre un fils de famille, l'action née dans sa personne, de même que celle née dans la personne de son père, est exercée par ce dernier. Le droit civil de Rome, en effet, ne permet point à une personne *alieni juris* d'avoir quelque chose en propre; et par conséquent il ne lui reconnaît point le droit d'intenter une action. Un chef de famille se trouvait ainsi appelé à exercer deux et quelquefois trois actions différentes; par exemple, quand c'était la femme de son fils *in potestate* qui avait été victime d'une injure.

Cependant comme il est souvent utile que le fils

puisse intenter une action, le préteur se relâche de cette rigueur et lui permet en certains cas d'exercer lui-même les actions d'injures nées dans sa personne. Par exemple, le fils de famille peut intenter une action d'injure quand son père est absent, et n'a point laissé de procureur, ou bien encore quand le père, quoique présent, est dans l'impossibilité d'intenter lui-même l'action. On était même allé jusqu'à le lui permettre, dans le cas où le père, bien que présent et capable d'intenter l'action, ne s'en mettait point en peine; mais il fallait pour cela que le père fût indigne de ce nom, c'est-à-dire que son silence ou son refus de faire réparer l'injure faite à son fils, ne pût pas s'appliquer par de bonnes raisons. Si le fils de famille devient lui-même père de famille ou *sui juris* avant que l'action d'injure née dans sa personne n'ait été exercée, c'est lui et lui seul qui peut l'exercer. Peu importe, du reste, qu'il soit héritier de son père ou non; car c'est un droit propre qui n'appartient et ne peut appartenir qu'à lui.

Ces actions, bien qu'exercées par la même personne dans le cas que nous venons d'examiner, n'en sont pas moins distinctes les unes des autres, et les condamnations qu'elles entraînent peuvent être plus élevées dans les unes que dans les autres. Ainsi quand le fils injurié exerçait une magistrature, l'injure était atroce dans sa personne et ne l'était pas dans celle de son père. Partant la condamnation sur l'exercice de l'action du fils devait être plus élevée que celle de l'action du père.

Ce que nous venons de dire du pouvoir du père d'exercer les actions d'injure nées dans la personne de son fils *in potestate* ne s'applique point à l'action d'injure résultant de la loi Cornélia. Quant à celle-ci, elle fut toujours réservée au fils qui seul avait le droit de l'exercer, bien que son père fût présent. Il est même à remarquer que la loi Cornélia ne donnait point d'action au père pour les faits d'injures adressées à son fils; mais dans les cas dont elle s'était occupée, le préteur donnait au père une action *in factum*.

Il y a des personnes au profit desquelles le délit d'injure ne donne point naissance à une action, à cause des rapports existant entre l'offenseur et la personne offensée ; ce sont les descendants et les affranchis injuriés par leurs ascendants et leurs patrons. Cependant quand l'injure est atroce, la qualité d'ascendant ou de patron s'efface, et l'action d'injure peut être exercée contre eux. Nous ne parlons pas ici des descendants *in potestate*, car pour eux ils ne peuvent jamais avoir d'action contre leurs ascendants, en vertu du principe qui leur refuse une personnalité distincte de celle de leur chef de famille.

Les actions d'injure ne sont point considérées comme un droit acquis transmissible aux héritiers de la personne injuriée comme ses autres biens. Elles ne peuvent être exercées par les héritiers de la personne à laquelle elles appartiennent ; elles meurent avec la victime. Elles diffèrent en ce point des actions de vol et de dommage causé sans droit qui, quoique pénales, comme celles-ci, ne s'éteignent point à la mort de celui auquel elles appartiennent. La raison de cette différence se tire de la nature du préjudice causé par une injure, préjudice qui ne peut guère être apprécié que par la victime elle-même. Du reste, cette règle est une conséquence de cette autre, que l'action d'injure est éteinte par le pardon accordé par l'offensé. Il est évident que la personne qui n'a pas intenté son action avant de mourir a pardonné. Cela est si vrai que l'insulte faite au cadavre d'un homme, avant que sa succession ne soit acceptée, fait naître une action qui reste dans la succession et appartient à l'héritier après qu'il a fait adition. Il est en ainsi parce que l'insulté n'a pas pu exercer son action.

Les actions d'injures se donnent contre l'auteur ou contre les auteurs de faits injurieux. Lorsqu'il y a plusieurs auteurs, chacun d'eux est coupable du délit d'injure et tenu de l'action comme s'il était seul, et la condamnation de l'un n'empêche pas l'exercice de la même action contre les autres. L'action d'injure est encore donnée contre ceux qui sans se rendre coupables du fait injurieux lui-même, se sont cependant arrangés de manière à ce qu'il eût lieu. La part qu'il faut avoir prise à la perpétration de l'injure consiste en conseils, en exhortations adressées à une personne, afin qu'elle fasse une injure à quelqu'un. Il est nécessaire que les conseils donnés aient fait naître chez l'auteur de l'injure l'idée de la commettre;

il ne suffirait pas d'une simple approbation donnée à un projet d'insulte. A plus forte raison celui-là est-il coupable d'injure qui a chargé spécialement quelqu'un d'en commettre une pour son compte, soit gratuitement, soit moyennant salaire.

Comme les autres actions pénales, l'action d'injure n'est jamais exercée contre les héritiers du coupable. Elle s'éteint donc par la mort de la victime ou par celle du coupable. Mais si elle a été intentée, et si le procès en est parvenu à la litiscontestation, comme il y a novation dans la cause du droit, elle peut alors être continuée par les héritiers de la victime, ou contre ceux du coupable. Elle s'éteint encore par le pardon accordé par la victime, et ce pardon est présumé accordé si l'action n'a pas été exercée dans l'année qui a suivi la perpétration du fait injurieux. Il peut même arriver que la personne offensée fasse grâce à l'offenseur au moment même où l'injure est commise, de sorte que l'action meurt aussitôt qu'elle est née, ou pour mieux dire elle ne peut même pas naître tant les deux actes sont rapprochés. *Hæc actio dissimulatione aboletur.* h. tit. § 12. Il va presque de soi que cette action qui ne peut pas survivre à la volonté tacite de ne pas l'exercer, ne survit pas à un simple pacte, et à plus forte raison à une véritable transaction.

CHAPITRE IV.

DES QUASI-DÉLITS.

Les quasi-délits sont, comme nous l'avons déjà dit, des faits dommageables dont le droit civil ne s'est pas occupé, et qui, conséquemment, ne constituent point des délits, mais que le préteur seul réprime par une action *in factum*. A la différence des délits qui ont chacun une action propre, une action ayant un nom particulier et des règles particulières, les quasi-délits n'ont tous qu'une seule et même action, la *formula in factum*. Ainsi le quasi-délit est le délit du droit prétorien. Nous savons, en effet, que dans toutes ses parties le droit romain offre ce spectacle de deux législations marchant côte à côte et se complétant l'une par l'autre.

L'intention de nuire, le dol est étranger à la division des faits préjudiciables en délits et quasi-délits. C'est ce qui résulte clairement du rapprochement du § 7 *de leg. Aq.* et du prin. *de oblig. quæ quas.* aux Inst. En effet, tandis que le premier de ces textes déclare le médecin qui a tué un esclave, son malade, par pure ignorance, ou par simple imprudence, sans aucune mauvaise intention, coupable d'un délit et justiciable de la loi Aquilia, le second ne reproche au juge qui a fait perdre le procès d'un plaideur, par la plus insigne mauvaise foi, que de s'être rendu coupable d'un quasi-délit. Nous disons qui a fait perdre un procès par son dol pour ne pas laisser de réplique à ceux qui veulent voir une différence entre l'ignorance du médecin et celle du juge, sous prétexte que le premier se présentant comme capable, commet une faute lourde que le droit assimile au dol, tandis que le second obligé de remplir une fonction publique ne commet qu'une simple faute, ce qui n'est pas soutenable en présence de cette expression du texte ci-dessus cité, *licet per imprudentiam*, qui implique bien l'idée d'un quasi-délit commis principalement par mauvaise foi.

Comme il n'entre pas dans notre plan d'étudier en détail tous les quasi-délits, nous pensons qu'il nous suffira, pour en donner une idée, d'en examiner sommairement quelques-uns à titre d'exemples.

Nous diviserons cette matière en deux sections. Dans l'une nous comprendrons les faits illicites et dommageables, pour la répression desquels le préteur donne une action contre leurs auteurs eux-mêmes ; et dans l'autre, certains faits également illicites et dommageables, dont la réparation et la punition peuvent être poursuivies contre d'autres que leurs auteurs.

SECTION I.

Responsabilité du fait personnel.

Un premier exemple de faits illicites [illegible]amageables, réprimés seulement par le droit prétorien, est celui du juge qui porte préjudice à un plaideur en lui faisant injustement perdre son procès. Ce quasi-délit a survécu à la société romaine; il a traversé le moyen-âge et les temps modernes en se transformant peu à peu; enfin il est devenu une voie de recours dans la procédure actuelle, *la prise à partie.* L'histoire de ses vicissitudes, surtout à l'époque féodale, serait on ne peut plus curieuse, mais ce n'est pas à nous qu'il appartient de la faire.

Lorsqu'un juge prononce une sentence contraire aux règles du droit, le préteur donne contre lui une action *in factum* pour l'obliger à réparer le dommage qu'il a fait éprouver à l'un des plaideurs. On dit alors qu'il fait le procès sien : *tunc judex litem suam facere intelligitur*; ce qui signifie que le plaideur, dont le droit a été méconnu par le juge, va maintenant intenter contre lui un procès, à fin d'obtenir la réparation du dommage que la fausse sentence lui a causé. La mission du nouveau juge consiste à rechercher d'abord si la sentence attaquée est contraire au droit, et ensuite en cas d'affirmation, à condamner l'ancien juge, défendeur dans ce nouveau procès. Ainsi le juge fait le procès sien, en ce sens que dans le nouveau débat il prend la place de celui des plaideurs auquel il a donné raison dans le premier.

Le juge fait le procès sien lorsqu'il viole les règles du droit, soit par son dol, c'est-à-dire avec l'intention de le faire, soit par sa faute, par pure ignorance ou imprudence. Il est présumé avoir méconnu la loi par son dol, lorsque sa sentence lui a été dictée par la faveur, la haine ou la corruption, *Si evidens ar-*

guatur ejus vel gratia, vel inimicitia, vel etiam sordes. Gaïus nous donne un exemple d'un juge qui fait le procès sien sans distinguer si c'est par dol ou faute, dans celui qui ne s'est pas conformé à la taxation de la formule délivrée par le préteur, c'est-à-dire qui a condamné à une somme inférieure ou supérieure à celle fixée par ce magistrat, ou qui a dépassé le *maximum* d'une formule *incerta*.

Lorsque c'est par son dol que le juge a ouvertement méprisé une loi, un sénatus-consulte ou une constitution impériale, la sentence est nulle, et le procès peut toujours être porté devant un autre juge, comme s'il n'avait pas déjà été jugé. Mais il faut remarquer qu'il n'en est ainsi qu'autant que le juge a tranché une question de droit, comme, quand appelé à se prononcer sur la question de savoir si une personne doit être exemptée de la tutelle à cause de son âge ou du nombre de ses enfants, il décide, contrairement à la loi, que ni l'âge, ni le nombre des enfants ne dispensent de remplir les fonctions de tuteur. Dans ce cas et autres semblables, il était si évident pour tout le monde que le juge s'était révolté contre l'autorité de la loi que le législateur n'avait pas même jugé nécessaire de faire prononcer la nullité par un tribunal supérieur.

Dans le cas où la sentence arguée de faux n'est ni nulle radicalement, ni susceptible d'appel, le plaideur qui a perdu son procès par la mauvaise foi du juge ou, grâce à son ignorance, a incontestablement intérêt à user de l'action *in factum* que le préteur lui accorde, puisque c'est le seul moyen qu'il ait à sa disposition d'éviter une perte; mais il en est autrement quand la sentence injuste est nulle, de même que quand elle est encore susceptible d'être réformée en appel. Alors, en effet, on peut mettre en doute l'intérêt du plaideur à exercer cette action, d'une part parce qu'il peut interjeter appel et faire réformer la sentence, de l'autre parce qu'une sentence nulle n'empêche pas d'en obtenir une autre. Cependant comme il pouvait arriver que le plaideur injustement condamné ou repoussé dans sa demande se trouvât en perte, soit parcequ'il n'avait pas le moyen d'appeler, soit parce que son adversaire était devenu insolvable, nous pensons qu'il est plus conforme aux textes qui nous sont parvenus sur cette matière, de décider avec M. Ortolan que l'action *in factum* pouvait être exercée dans tous les cas contre le juge prévaricateur ou ignorant.

Un deuxième fait illicite et dommageable que nous avons déjà rencontré dans le chapitre du vol, pour la réparation duquel le préteur donne une action *in factum*, est celui d'un individu qui a corrompu l'esclave d'autrui, qui l'a détérioré au point de vue moral, soit en l'entraînant dans la débauche, soit en l'exhortant à s'enfuir de la maison de son maître, à ne pas travailler, à se mal acquitter des fonctions dont il est chargé, ou de toute autre semblable manière. Le texte de l'édit du préteur qui nous a été conservé aux Pandectes, est ainsi conçu : « Si quelqu'un est convaincu d'avoir à mauvais dessein retiré chez lui l'esclave d'autrui, ou de lui avoir persuadé quelque chose qui pût le détériorer, je donnerai contre lui une action pour le double du dommage que cela aura causé. »

Nous avons vu en recherchant les conditions de l'existence du *furtum* que les jurisconsultes n'étaient pas d'accord sur le point de savoir si la tentative de vol devait être assimilée au vol et punie comme telle. Il en était de même pour la tentative de corruption d'un esclave : les uns pensaient qu'elle devait être punie comme la corruption elle-même, les autres qu'elle ne pouvait l'être. Justinien fait cesser la controverse sur ce point, comme il l'a fait pour le *furtum* en faisant entrer la théorie de la tentative dans le droit romain. Remarquons qu'il résulte de ces mots de l'édit *dolo malo* que l'intention est essentielle à l'existence de ce quasi-délit, et que la faute ne suffit pas comme dans le précédent.

Le simple, l'unité qui doit être doublée dans cette action, c'est le montant de tout le dommage que la corruption de l'esclave a fait éprouver à son maître. L'estimation de ce dommage se compose de la dépréciation de l'esclave lui-même, c'est-à-dire de la différence entre la valeur vénale qu'il avait avant d'être corrompu, et celle qu'il a au moment de l'exercice de l'action, puis de la valeur des objets que l'esclave, par suite de sa corruption, a soustraits à son maître ou qu'il a détruits, et généralement de tout le mal que l'esclave a fait soit à son maître, soit à autrui. Cependant cette estimation ne doit comprendre que le préjudice causé par l'esclave au moment où il a été corrompu et non celui qu'il a commis postérieurement ; car autrement il faudrait dire que le corrupteur serait responsable de toutes les mauvaises actions que l'esclave pourrait commettre dans sa vie ; ce que la logique repousse, puisque l'esclave aurait pu se détériorer tout seul, et qu'il n'est pas sûr que les mauvais conseils qu'il a reçus une fois, aient été la cause de tous ces méfaits.

L'action *in factum servi corrupti* est considérée comme pénale, soit que l'esclave corrompu n'ait causé personnellement aucun dommage, soit qu'il en ait causé quelqu'un, et comme telle elle n'est point accordée contre les héritiers du corrupteur. En réalité, cette action est mixte, puisqu'elle tend à la réparation du dommage dans le simple et à l'obtention d'une peine dans le double.

Enfin un troisième exemple de faits illicites et dommageables que nous croyons devoir ranger au nombre des quasi-délits, se trouve dans le cas où une personne touchée de compassion délie un esclave enchaîné, afin qu'il puisse se soustraire par la fuite aux rigueurs dont il est l'objet. En effet, comme il n'y a dans ce fait dommageable pas même de lésion corporelle, il reste tout à fait en dehors de la sphère où s'exerce la loi Aquilia, qui ne le peut comprendre ni dans son texte ni dans son esprit. Il n'y a pas plus de raison de le considérer comme un dommage de la loi Aquilia, que de le ranger au nombre des vols. Il est donc constant que, malgré sa présence au titre de la loi Aquilia, il ne peut être réprimé que par une action *in factum*.

SECTION II.

Responsabilité du fait étranger.

Les faits dont il nous reste à parler semblent au premier coup d'œil faire exception au grand principe de raison que nous avons posé en tête de notre dissertation ; mais en y regardant de plus près, on reconnaît bientôt qu'ils n'en sont que des applications ; car si une personne peut être dans certains cas obligée de réparer le préjudice qu'une autre a causé, c'est que le fait préjudiciable a été précédé d'une faute de la part de la personne soumise à la responsabilité. Les cas de responsabilité du fait étranger à la personne obligée de réparer, dont nous allons nous occuper, sont donc plutôt des cas de présomptions légales de fautes que des exceptions au principe que chacun ne peut être responsable que de ses actions.

Certaines personnes se trouvent placées dans la société, dans une position telle vis-à-vis d'autres, qu'il n'y a rien d'injuste en général, à supposer que certains faits dommageables et illicites, accomplis par ces dernières, ne l'auraient point été sans une faute antérieure de la part des premières. Ces présomptions ne sont point nombreuses dans le droit romain, ce qui est loin d'être un mal ; car si nécessaire qu'il soit parfois de faire réparer un préjudice, il est toujours dangereux d'établir des présomptions de faute, puisque toute présomption peut être contraire à la vérité, et consacrer ainsi une injustice, surtout lorsque, comme dans les hypothèses suivantes, il n'est point permis de prouver contre elle. Nous n'en connaissons que trois : La première a lieu dans le cas de vol commis dans une barque, un hôtel, ou une auberge ; la deuxième dans le cas de dommage causé par la chute d'un objet jeté par une fenêtre de maison sur la voie publique ; et enfin la troisième, dans le cas où des objets ont été placés sur un balcon dominant la voie publique, d'où ils menacent la sécurité des passants.

Remarquons bien et ne perdons pas de vue que les trois cas de dommage que nous venons de citer, constituent de véritables délits de vol, et de dommage causé sans droit et que les actions de vol et de la loi Aquilia peuvent être données contre leurs auteurs, si les victimes aiment mieux s'adresser à eux qu'aux personnes responsables.

I. Les patrons de barques et les maîtres d'hôtels sont responsables du vol des effets des voyageurs commis dans leurs barques ou dans leurs hôtels par des gens attachés au service de ces barques ou de ces hôtels, ainsi que du dommage causé à ces mêmes effets par le fait illicite de ces personnes. Le préteur donne contre eux une action *in factum* du double du dommage éprouvé. Cette action n'a lieu contre les patrons de barques ou les maîtres d'hôtels qu'autant que le vol ou le dommage réunit les trois conditions suivantes : Il faut : 1° Que le vol ou le dommage ait été commis sur des effets appartenant à des voyageurs montés sur la barque ou descendus dans l'hôtel; 2° qu'il ait eu lieu dans la barque ou dans l'hôtel; 3° enfin qu'il ait été accompli par des gens préposés au service de la barque ou de l'hôtel où le vol a été commis ou le dommage causé. Il est évident alors que le vol ou le dommage a été la conséquence de la faute du maître, qui a choisi des gens malhonnêtes pour ses préposés, et qui ne les a pas surveillés comme il pouvait et devait le faire. Nous croyons en effet que la pensée d'un quasi-contrat intervenu entre le patron et le voyageur par le seul fait de l'apport des effets dans l'hôtel ou dans la barque n'a pas été étrangère à l'établissement de cette action. Cela résulte de cette condition que le vol doit avoir été commis dans l'hôtel ou dans la barque; car hors de là le maître ne peut plus surveiller ses employés.

Cette action, bien que prétorienne, est perpétuelle; mais comme elle est pénale, elle ne peut être exercée contre les héritiers du maître de barque ou d'hôtel. Lorsqu'elle est exercée contre lui, le patron de barque ou le maître d'hôtel peut exiger que le voyageur lui cède les actions nées du vol ou du dommage causé injustement, afin qu'il puisse à son tour se faire indemniser par l'auteur du fait dont il est responsable; car il ne serait pas juste que dans ses rapports avec l'auteur du vol ou du dommage, ce fût à lui, dont la faute n'a causé par elle-même aucun préjudice, à en rester définitivevement chargé. Il suit de là que si le voyageur exerce d'abord les actions nées du délit, il ne peut plus exercer l'action prétorienne, puisque les ayant consommées, il ne pourrait plus les céder.

II. Le chef de famille, propriétaire ou principal locataire d'une maison, est responsable du dommage que des personnes ont causé en jetant quelque chose de cette maison sur une place où stationne le public, ou sur un lieu de passage public. Les termes de l'édit du préteur sont généraux, et s'appliquent à toutes espèces d'habitation, lieux de travail, dépôt de marchandises et même jusqu'aux navires. De même il ne distingue point par qui, les choses jetées par les fenêtres l'ont été, que ce soit par des personnes faisant partie de la famille, ou par des hôtes, ou même par des visiteurs, peu importe. Dans tous les cas, en effet, c'est par la faute du chef de la famille habitant la maison que le dommage a été causé; car il ne devait pas garder chez lui des gens assez mal intentionnés ou assez imprudents pour lancer sur des lieux fréquentés par le public des choses capables de nuire.

La réparation mise à la charge de la personne responsable est différente selon que le dommage causé l'a été à des choses, ou à des hommes libres, et même dans ce dernier cas, elle varie selon qu'un homme libre a été tué ou seulement blessé :

1° Lorsque le dommage a été causé à une chose, le préteur donne une action du double de la valeur du préjudice éprouvé. Si plusieurs chefs de famille habitent une même maison, l'action sera donnée en entier contre celui que la victime du dommage voudra choisir, et alors ils supporteront tous également dans leurs rapports, une part égale de l'indemnité payée par celui qui a été seul poursuivi, lequel a pour recouvrer la part mise à la charge de chacun des autres une *actio utilis pro socio*. Cependant si chaque famille habite une partie séparée de la maison, son chef seul est responsable du dommage causé par la chute des objets lancés de cette partie.

Ici, comme dans le cas cité plus haut, ce n'est pas au chef de famille habitant d'une maison, à supporter en définitive le préjudice causé par un individu auquel il donne l'hospitalité, ou qui se trouve pour toute autre cause chez lui. Aussi le préteur lui donne-t-il une action *in factum* pour poursuivre contre l'auteur direct du dommage, le recouvrement de la somme payée par lui à la victime. Il pourrait même exiger que cette dernière lui cédât son action de la loi Aquilia contre l'auteur du dommage.

2° Lorsque le dommage consiste dans la mort d'un homme, comme son corps n'est pas susceptible d'évaluation pécuniaire, le préteur donne une action de cinquante *aurei*. S'il consiste en blessures faites également à un homme libre par la même raison la formule ne fixe aucune condamnation; elle commande seulement au juge de condamner à la somme qui lui paraîtra convenable. Les princip ux éléments de cette condamnation sont les honoraires des médecins, le prix des remèdes et les autres frais qu'a nécessités la cure de ces blessures. Cette dernière action, qui n'apartient jamais aux héritiers de la victime en cette qualité, ne dure qu'un an et est populaire; c'est-à-dire que le premier citoyen venu peut l'exercer. Cependant, dans le cas de blessures faites à un homme libre, elle est perpétuelle pour la victime qui peut l'exercer de préférence à toute autre personne.

III. Le préteur dans l'intérêt de la sécurité des personnes et de la conservation de leurs biens, défend aux habitants de ne rien avoir sur leurs balcons ou appuis de fenêtres dont la chute pourrait causer un dommage aux personnes ou aux choses qui peuvent se trouver au-dessous. Il prononce comme sanction une amende de dix *solides* contre les contrevenants. Cette disposition, qui n'est que le complément de l'édit dont nous venons de parler tout-à-l'heure, au paragraphe précédent, doit être interprêtée par les mêmes règles. Ainsi la personne responsable a un recours contre le coupable; l'action est populaire, et s'éteint au bout d'un an d'inaction. Elle n'est point exercée contre les héritiers de la personne responsable des faits de celles qui ont méconnu la défense du magistrat. Comme le fait réprimé est illicite sans être dommageable, il ne peut être question du point de savoir si elle passe aux héritiers de la victime, puisqu'il n'y en a pas. Cependant ce fait qui n'est pas dommageable le devient, si les objets placés sur un balcon dominant la rue tombent et écrasent un esclave ou un animal. L'action appartient alors de préférence à la victime, et elle passe à ses héritiers, car elle perd en quelque sorte sa qualité de populaire, pour se rapprocher de l'action donnée contre ceux qui ont jeté quelque chose sur un esclave ou sur un animal. C'est sans doute cette idée qui a inspiré à Ulpien la décision qui est devenue la loi 5, § 13 *de his qui eff. D.*

IV. Examinons maintenant les dommages causés par les *alieni juris*, par les animaux et par les choses inanimées.

Le principe que chacun répond de ses fautes et non de celles d'autrui se retrouve encore ici intact. Ainsi c'est aux *alieni juris* coupables d'un fait dommageable à en réparer les conséquences et non aux personnes sous la puissance desquelles ils se trouvent placés. Mais comme ils n'ont pas de biens, puisqu'ils ne s'appartiennent même pas, leur obligation de réparer le dommage par eux causé, se trouve dépourvue de toute sanction. Le droit de propriété, qui seul fait obstacle à l'exercice du droit de réparation, doit céder; car il est de l'intérêt de la société toute entière qu'il n'y ait pas dans son sein des individus capables de nuire, et dont les méfaits ne seraient pas réprimés. Aussi celui dont l'esclave a commis un délit est-il obligé de payer le montant du dommage ou de céder à la victime son droit de propriété sur le coupable, d'en faire abandon noxal. Cette théorie exacte quant aux délits des *alieni ju-*

ris est illogiquement appliquée aux dommages causés par des animaux ou des choses. Les jurisconsultes, entraînés par l'analogie qu'il y avait entre la position des esclaves et celle des animaux domestiques, oublièrent que si les premiers peuvent s'obliger, il n'en est pas de même des seconds.

Ce principe que le père de famille peut échapper à la responsabilité des faits illicites et dommageables commis par les personnes qu'il a en sa puissance, fut appliqué dans toute sa rigueur aux fils *in potestate* dans les premiers temps de Rome. Ensuite les effets en furent atténués par cette règle que l'*alieni juris, homme libre*, abandonné à la victime du dommage à titre de réparation, peut la forcer à l'affranchir, lorsqu'il lui a procuré une somme équivalente au dommage causé. Enfin l'adoucissement des mœurs ayant relâché les liens de la puissance paternelle, l'abandon noxal des fils de famille cessa d'être en usage. Alors le coupable put être poursuivi comme s'il eût été chef de famille et condamné à réparer lui-même le dommage qu'il avait commis; mais comme le fils n'avait pas de biens à lui, la sentence ne pouvait s'exécuter que lorsqu'il était devenu *sui juris*, ou bien sur son pécule *castrans* s'il en avait un. Cependant il est probable qu'après la condamnation, comme la cause de l'obligation se trouvait changée, l'*actio judicati* pouvait être donnée contre le père dans ce cas, comme elle l'était pour les obligations conventionnelles des fils de famille, mais jusqu'à concurrence de leur pécule seulement.

Quant aux personnes libres *in manu* ou *in mancipio*, elles ont dû passer par les mêmes vicissitudes de droit que le fils de famille ; car nous voyons par tous les textes qui nous sont restés du vieux droit, que les femmes *in manu* étaient assimilées aux filles de famille et que la condition des hommes libres *in mancipio* différait très peu de celle des esclaves. Cependant comme ces personnes ont été libres et ont peut-être déjà fait acquérir des biens à celui qui les tient en son pouvoir, la réparation du dommage peut être poursuivie immédiatement sur ces biens que le préteur considère comme étant toujours leur propriété. *Sed cum rescissa capitis deminutione imperio continenti judicio*. Gaïus. C. IV-80.

Les esclaves qui ont été le type de ce mode de réparation du dommage causé par des *alieni juris*, sont toujours restés soumis à l'abandon noxal, et pour eux cela n'offrait véritablement aucun inconvénient ; car que leur importait, en effet, qu'ils appartissent à Titius ou à Mævius, en étaient-ils moins une chose ! On peut même dire qu'au temps de Justinien ils y trouvèrent un grand avantage, celui de pouvoir arriver à la liberté malgré leurs maitres. Nous voyons en effet par le § 3 *de nox. act.* Inst. qu'on leur avait fait application du principe que l'homme libre abandonné en noxe, qui a procuré à la victime une indemnité égale à la valeur du dommage, peut la forcer à l'affranchir.

La faculté de se libérer de l'obligation de réparer un dommage par l'abandon de l'animal domestique qui l'a causé, est écrite dans la loi des XII Tables, qui avait établi dans ce cas une action particulière. La jurisprudence a fait en cela comme en tout le reste ; elle a étendu l'idée du législateur, de sorte que tous les dommages causés par des choses doivent être réparés par les maîtres qui ont la faculté de faire l'abandon noxal. C'est ainsi que le propriétaire d'un bâtiment dont la chute a causé un préjudice au voisin doit le réparer ou abandonner les décombres à la victime.

CHAPITRE V.

CONCOURS DES ACTIONS RÉPARATRICES OU PÉNALES SOIT AVEC D'AUTRES ACTIONS, SOIT ENTRE ELLES.

Nous ne consacrerons à l'exposition de la théorie du concours de ces actions que fort peu de place, parce que nous n'avons ni la prétention ni la force d'en faire une étude complète. Nous nous bornerons à parler des principales circonstances dans lesquelles elles peuvent coexister, et à faire connaître les règles généralement suivies par les auteurs.

I. Les actions réparatrices et pénales, *resper secutoriæ et pœnæ persecutoriæ*, nées des délits et des quasi-délits peuvent se rencontrer avec des actions prenant leur source dans un contrat, comme dans le cas de vol d'une chose donnée en gage, ou de dommage causé à un esclave prêté.

II. Elles peuvent aussi se rencontrer avec des actions criminelles dérivant du même fait qui leur donne naissance à elles-mêmes, par exemple dans le cas de vol avec violence qui, outre les actions de vol, engendre encore une action criminelle de *vi publica seu privata*; et dans celui de meurtre d'un esclave d'où naissent une *actio legis Aquiliæ* et une *actio criminalis legis Corneliæ*; et aussi dans celui de viol, qui donne lieu à une *actio injuriæ* et à une *actio criminalis legis Corneliæ*.

III. Enfin elles peuvent aussi se rencontrer entre elles, comme dans le cas d'un vol avec violence d'où naissent une *rei vindicatio*, une *conditio furtiva*, une *actio furti* et une *actio bonorum vi raptorum*; dans le cas de meurtre d'un esclave commis par plusieurs individus en même temps, ou de blessures faites sur le même esclave en différents temps; ou bien encore dans le cas de violences exercées sur un homme libre, telles que membres rompus, ce qui donne naissance à une *actio legis Aquiliæ utilis* et à une *actio injuriæ*.

Un principe qui domine toute cette matière et qui semble incontestable, bien qu'il donne lieu à de graves difficultés dans l'application, c'est qu'il ne peut y avoir de véritable concours entre deux actions qu'autant qu'elles tendent au même but qu'elles doivent donner le même résultat.

Dans le cas de coexistence d'une action réparatrice et d'une action née d'un contrat, ou de la *rei vindicatio*, comme elles tendent toutes deux au même but, la réparation du préjudice causé, l'une ne peut pas survivre à l'exercice de l'autre. Par exemple, dans le cas de vol d'une chose donnée en gage, *l'ac-*

tio pigneratitia une fois exercée contre le créancier gagiste, auteur du vol, la *condictio furtiva* est éteinte. Ce résultat tient à ce principe général que si plusieurs actions pouvant s'exercer à l'occasion d'un même fait, ont le même objet juridique, poursuivent le même but, l'exercice de l'une anéantit l'autre. *Quotiens concurrunt plures actiones ejusdem rei nomine una quis experiri debet*. Cependant il résulte de plusieurs passages des écrits des jurisconsultes que, si les deux actions réparatrices ne donnent pas le même résultat, la plus avantageuse pour le demandeur peut encore être exercée après celle qui l'est le moins, mais pour le surplus seulement. Il est vrai que plusieurs autres textes semblent contraires à cette dernière décision; et établir que dans tous les cas l'une ne survit point à l'autre; mais on peut faire disparaître cette espèce d'antinomie en remarquant que ces textes ne contiennent que des décisions particulières à des hypothèses où les deux actions étaient aussi avantageuses l'une que l'autre. D. 9-2. L. 18 et 27, § 11. Cette conciliation résulte même des textes suivants du *Digeste* 12-6, l. 7, § 1; 44-7. L. 34, § 2.

Si une action pénale coexiste avec une action contractuelle, l'une ne consomme jamais l'autre, comme on peut le voir par la l. 54, § 2 *de furtis D.*, parce que l'une étant destinée à poursuivre l'obtention d'une indemnité, l'autre une peine, elles n'ont point le même objet juridique.

Lorsqu'un même fait illicite et dommageable engendre en même temps une action réparatrice *quæ ad rem pertinet*, ou une action pénale privée et une action criminelle, il faut distinguer si c'est une action réparatrice qui coexiste avec l'action criminelle, ou si c'est une action pénale privée. Dans le premier cas, l'une n'éteint pas l'autre, parce que leur but est différent : l'action réparatrice, en effet, comme l'indique son nom, tend à faire remettre le patrimoine de la victime dans le même état où il était avant le délit, l'action criminelle, au contraire, tend à faire souffrir l'auteur du fait illicite. Aussi Ulpien l. 23, § 9 *ad. leg. Aq.* dit-il, que si le maître d'un esclave assassiné exerce l'action de la loi Aquilia, cela n'empêchera point qu'il n'intente aussi le *judicium publicum Corneliæ. Si dolo servus occisus sit et lege Cornelia agere dominum posse constat : etsi lege Aquilia egerit, præjudicium fieri Corneliæ non debet.* Dans le second cas au contraire, le principe est différent, l'exercice de l'une des actions pénales éteint l'autre, parce qu'elles ont toutes deux pour but d'infliger des souffrances à l'auteur du délit : l'une par une privation de biens, et par conséquent des plaisirs de la vie que les biens seuls procurent, l'autre par la privation de la vie ou de la liberté. Nous trouvons une application de cette règle dans la loi 6 *de injuriis*, où le jurisconsulte Paul, après avoir posé en principe que la personne qui a été victime d'une injure, a la faculté d'agir par l'action privée, bien qu'elle fasse préjudice à l'action publique, ajoute *plane si actum sit publico judicio, denegandum est privatum: similiter ex diverso.* S'il en est ainsi, c'est que la victime de l'injure poursuit un but qui peut être atteint par l'une comme par l'autre de ces deux actions. En effet, elle veut être vengée et elle l'est par une condamnation soit privée, soit publique. Il y a cependant quelques exceptions comme les délits imputés aux publicains contre lesquels toutes les actions pénales peuvent être cumulées. D. 39-4, l. 9, § 5.

Lorsque plusieurs actions réparatrices naissent d'un même fait comme elles ont toutes pour but de remettre en fait, dans le patrimoine d'une victime, une valeur égale à celle que le délit en a fait sortir, l'exercice de l'une éteint l'autre. Par exemple, quand un vol a été commis par plusieurs individus la *condictio furtiva* qui existe contre chacun d'eux ne peut être exercée qu'une seule fois. Il en est de même quand les actions quoique nées de faits différents, sont relatives au même objet juridique, c'est-à-dire poursuivent exactement le même but, comme lorsqu'un voleur vole à un autre voleur le cheval que celui-ci avait déjà volé.

Nous avons besoin de dire quelques mots de la loi Aquilia dont la nature mal déterminée chez les jurisconsultes romains est susceptible de porter le trouble dans les règles que nous venons de poser dans cet alinéa.

En général, cette action est réparatrice, et comme telle, elle devrait être soumise à la règle du concours et ne plus être donnée quand elle a été déjà exercée une fois. Cependant il n'en est rien, car elle peut être intentée autant de fois qu'il y a de coupables d'un même fait ou de faits différents commis sur la même chose. Ainsi plusieurs individus ont tué un esclave, sans qu'on puisse savoir quel est celui qui a donné la mort : tous sont passibles de l'*actio legis Aquiliæ*, et seront condamnés à payer une somme égale au montant de l'intérêt que le maître avait à ce que son esclave ne fût pas tué, sans que l'un puisse se prétendre libéré par la condamnation de l'autre. C'est ce qui résulte clairement des deux textes suivants. D. 9. 2, l. 51, § 1 et 11, § 2. Cette anomalie s'explique sans se justifier par cette considération que la victime du dommage pouvant se placer à une époque quelconque de l'année ou des trente jours qui précèdent le fait illicite et dommageable, arrive ainsi à établir que le dommage qu'elle a éprouvé ne lui a pas été réparé par l'exercice de l'action contre l'un des auteurs de ce fait. C'est en quelque sorte comme si plusieurs délits avaient été commis sur des esclaves différents.

Passons au cas de coexistence de plusieurs actions pénales nées de différents faits illicites commis sur la même chose, ou d'un seul et même fait illicite. Nous nous trouvons ici en présence de difficultés nombreuses et inextricables, qu'il faut renoncer à éclaircir. Il est constant aujourd'hui pour les meilleurs interprètes que les jurisconsultes n'étaient pas d'accord entre eux sur le point de savoir si ces actions se cumuleraient en tout ou en partie, ou si l'exercice de l'une éteindrait les autres.

Leurs écrits nous révèlent l'existence de trois systèmes différents, qui se partageaient la jurisprudence.

Le système de Modestin, le plus ancien de tous, qui nous est connu par la loi 53 Pr *de oblig. et act.* D. et auquel Paul fait allusion dans la l. 34 pr. du même titre par ces mots : *sed quidam aiunt altera electa*, n'admet pas le cumul entre ces diverses actions : l'exercice de l'une consomme toujours les autres, *plura delicta in una re plures admittunt actiones. Sed non posse omnibus uti probatum est ; nam si ex una obligatione plures actiones nascantur, una tantummodo non omnibus utendum.* C'est le plus doux, mais aussi le moins logique.

Le système de Paul admet le cumul, non pas en totalité, mais jusqu'à concurrence de la peine la plus forte. Loi 34 ci-dessus citée. Ainsi dans l'hypothèse où des arbres fruitiers ont été coupés, si le demandeur exerce d'abord l'*actio legis Aquiliæ*, il pourra exercer encore l'*actio arborum furtim cæsarum*, parce que la première est du simple et la seconde du double du dommage occasionné par ce délit, mais seulement pour ce qu'elle a de plus avantageux. D. 47-7, l. 1, et 11. Il semble cependant que Paul soit en contradiction avec lui-même, puisque dans la loi 2, § 1 *de tutel.* et *rationib.* D., il décide que si un tuteur a soustrait pendant son administration quelque chose appartenant à son pupille, ce dernier peut exercer cumulativement l'*actio rationibus distrahendis in duplum*, et l'*actio furti*. Mais cette contradiction s'efface quand on se rappelle que les anciens jurisconsultes ne regardaient pas la première de ces actions comme pénale.

Le système de Papinien adopté par Ulpien et Hermogénien, admet toujours le cumul de toutes les actions pénales: l'exercice de l'une, selon eux, n'éteint point l'autre. *D*. 48-5. L. 6. *Pr. ad. leg. Jul. nec erit deneganda prætoria quoque actio de servo corrupto, nec propter plures actiones parcendum erit in hujusmodi crimine reo.* Si ce texte existait seul en faveur de ce système, il est vrai qu'on ne pourrait pas le considérer comme décisif; car c'est la décision d'une espèce particulière et non un principe, et de plus Papinien paraît n'accorder le cumul des actions qu'à cause de la gravité du fait en question, le viol d'une femme esclave; mais loin de rester isolé, il est soutenu de plusieurs autres textes qui se prononcent expressément dans le même sens, notamment D. 11-3. L. 11, § 2, où Ulpien accorde l'*actio furti* et l'*actio servi corrupti* cumulativement. Ce même Ulpien n'est pas moins explicite dans deux textes qui ont cependant besoin d'être bien entendus pour ne pas faire naître une idée fausse. Dans la loi 60 *de oblig. et act.* qui est une décision de principe, puisqu'elle est tirée de son commentaire sur l'Édit, il enseigne que jamais dans les actions pénales l'une n'éteint l'autre, *nunquam actiones pœnales de eadem pecunia concurrentes alia aliam consumit*; et dans la loi 130 *De regulis juris*, il s'exprime ainsi : jamais dans les actions, surtout dans les actions *pœnales*, l'une n'éteint l'autre, *nunquam actiones prœsertim pœnales, de eadem re concurrentes alia aliam consumit*. Il résulte bien de là que ces actions peuvent être exercées simultanément; mais il ne faut pas croire, sur la foi de ces mots *prœsertim pœnales*, qu'Ulpien admette le concours dans les actions réparatrices; il fait ici allusion à ce qu'il a dit, l. 2, § 3 *de privatis delictis*, de la *condictio furtiva*, qui peut être exercée après la *rei vindicatio*, mais seulement pour le surplus, *amplius*. Enfin Hermogénien, l. 32 *de oblig. et act. D.*, nous apprend qu'il a fini par être admis par presque tous les jurisconsultes.

Aucun de ces systèmes n'est exempt de critiques : on peut reprocher au premier de laisser des faits illicites sans répression et des coupables impunis, puisque dans le cas de plusieurs délits commis par la même personne, elle ne sera punie que pour un seul, et que dans celui de délits commis simultanément par plusieurs individus, un seul en portera la peine. Les mêmes reproches peuvent être adressés au deuxième. Quant au dernier, il serait plus logique si les peines pécuniaires du droit romain étaient en réalité des peines, car il punit chaque violateur et chaque violation de la loi; mais comme ce que les Romains appelaient des peines, n'était au fond que des indemnités, il est contraire à l'équité, puisqu'il accorde des réparations bien supérieures au préjudice éprouvé. Quoi qu'il en soit, c'est lui qui a fini par triompher dans la jurisprudence romaine ; car nous le trouvons législativement consacré dans les Inst. IV-1, § 8, par Justinien qui ne veut plus qu'aucun fait coupable reste impuni.

DROIT FRANÇAIS.

NOTIONS PRÉLIMINAIRES.

Le droit français proclame comme le droit romain dont il descend en ligne directe, par Dumoulin, Domat et Pothier que chacun répond de ses fautes, mais qu'il ne répond pas de celles d'autrui. Ce principe incontestable et incontesté aujourd'hui chez toutes les nations civilisées, est la base de toutes les règles contenues dans nos Codes sur les délits et les quasi-délits civils dont nous avons seulement à nous occuper ici.

Les mots *délit et quasi-délit* ne sont point définis dans notre droit. Le Code Napoléon, qui est le siège de cette matière, s'est contenté de les écrire en tête des règles qu'il a tracées dans les art. 1382 et suivants. Cependant comme les rédacteurs de ce monument législatif ont tiré ces expressions et une grande partie des dispositions qui composent la section dont elles forment la rubrique de Pothier, il est très-probable, pour ne pas dire certain, comme le pensent tous les auteurs, qu'ils leur ont conservé les mêmes significations qu'elles avaient dans les écrits de ce jurisconsulte. Il n'est donc pas possible de les mieux faire connaître que de laisser parler Pothier, qui s'exprime ainsi : « On appelle délit le fait par lequel une personne par dol ou malignité cause du dommage ou quelque tort à une autre. Le quasi-délit est le fait par lequel une personne sans malignité, mais par une imprudence qui n'est pas excusable cause quelque tort à un autre. Oblig. n° 116. Ainsi ce qui distingue le délit du quasi-délit dans notre droit, c'est l'intention, la volonté de causer un préjudice quelconque à autrui ; ce caractère qui sépare le délit du quasi-délit, est rationnel et logique ; il n'est point arbitraire comme celui qui en droit romain, du moins dans notre opinion, distinguait ces deux classes de faits illicites. Il faut donc bien se garder, comme nous l'avons dit dans la thèse précédente sur ce droit, de considérer les mots délit et quasi-délit comme la traduction exacte de cette expression latine *delictum*, qui désigne dans les lois de Rome une classe de faits illicites et dommageables et de cette autre *quasi-delictum*, qui se rencontre dans les commentateurs comme abréviation et comme synonyme de l'expression vraiment romaine de : *obligationes quæ quasi ex delicto nascuntur*.

Dans un autre ordre d'idées, quand il s'agit de la

réparation due à la société pour un fait qui lui cause un préjudice, le mot délit a une signification toute différente de celle que nous lui avons donnée tout à l'heure; c'est alors une infraction que les lois punissent de peines correctionnelles. Cod. Pén., art. 1. Le seul moyen que nous ayons de savoir si un fait constitue un délit criminel, c'est, non pas de rechercher si la volonté de l'agent a joué un rôle dans la perpétration de ce fait, mais d'ouvrir le Code pénal, et de voir si la peine dont il est frappé, est une peine correctionnelle. Il suit de là que les délits civils ne correspondent point exactement aux délits criminels, et que tel fait qui constitue un délit civil, ne sera pas toujours un délit criminel, soit parce que la loi pénale ne s'en est pas occupée, soit parce qu'elle l'a frappé d'une peine autre qu'une peine correctionnelle; et réciproquement qu'un fait puni d'une peine de cette nature, et par conséquent, qualifié délit par le droit pénal, ne constituera pas un délit civil, soit parce qu'il n'a causé aucun préjudice à autrui, soit parce que l'auteur l'a accompli sans intention de nuire.

L'homme qui n'est jamais responsable que de *ses fautes* peut être responsables *des faits* d'un autre homme, lorsque ces faits ont rendu sa faute dommageable aux intérêts d'autrui. Il y a alors un préjudice causé par deux personnes qui y ont coopéré successivement, et à la réparation duquel chacune d'elles est obligée comme si elle en avait à elle seule fourni tous les éléments. Nous avons vu cette idée érigée en règle dans le droit romain pour un petit nombre de cas, et nous la trouvons appliquée chez nous sur une vaste échelle. C'est ce que l'on appelle la responsabilité du fait d'autrui, par opposition à la responsabilité du fait personnel à l'auteur de la faute. Cependant il faut remarquer que les cas où la loi déclare une personne responsable du fait d'une autre, ne sont pas les seuls, pas plus en droit français qu'en droit romain, où la faute de l'un puisse être rendue dommageable par le fait de l'autre, et dans lesquels par conséquent le premier soit tenu de réparer le préjudice causé par le fait du second; car le principe que chacun répond de ses fautes suffit pour comprendre même les cas où la faute d'une personne n'a été rendue préjudiciable aux intérêts d'autrui que par le fait d'une autre personne. Les lois romaines, de même que les lois françaises, en déclarant dans des cas particuliers, un individu responsable des faits d'un autre, ont eu pour but non-seulement d'appliquer le grand principe d'équité que chacun doit réparer le dommage que sa faute a causé, mais encore d'établir que le fait d'une personne déterminée serait considéré comme la conséquence de la faute d'une autre personne aussi déterminée. Aussi lorsqu'un homme prouve que le fait de tel individu lui a causé un dommage, il peut exiger que tel autre individu soit forcé de le réparer sans avoir à établir que c'est par sa faute qu'il a été causé, parce que la loi regarde cette preuve comme faite. C'est une présomption de faute. Nous insistons sur cette explication parce que les textes du droit romain et même du droit français qui font des applications de cette proposition semblent d'abord soumettre certaines personnes à la responsabilité des fautes de certaines autres personnes et faire ainsi exception au principe d'éternelle justice et de profonde logique que nous avons écrit en tête de cette dissertation.

Cette distinction de l'obligation de réparer le dommage qui naît d'un fait personnel à l'auteur de la faute et de l'obligation de réparer le dommage causé seulement par suite du fait d'une personne étrangère à la faute nous donne la division que devons suivre dans les explications que nous allons donner sur les faits illicites et dommageables. Dans un premier chapitre, nous traiterons de la responsabilité du fait personnel à l'auteur de la faute, et dans un second, de la responsabilité du fait d'autrui, des animaux et des choses.

CHAPITRE PREMIER.

RESPONSABILITÉ DU FAIT PERSONNEL.

Les dispositions consacrées par le Code Napoléon à cette matière ne sont pas nombreuses; elles consistent en deux courts articles 1382 et 1383, dont l'un, le second, est à la rigueur inutile; car il n'exprime rien qui ne se trouve contenu dans le premier. Cependant comme le mot *fait* dont le législateur s'était servi dans l'art. 1382, bien qu'il éveille l'idée d'omission comme celle d'action, aurait pu faire naître du doute, on a jugé convenable de le prévenir en exprimant nettement dans l'article suivant que les faits dommageables pouvaient être soit des actions, soit des omissions.

Nous avons à rechercher d'abord ce qui constitue l'obligation de réparer le dommage causé à tort, c'est-à-dire les éléments essentiels à l'existence de cette obligation, puis l'extinction de cette même obligation, ou la manière dont le dommage causé est réparé. Nous diviserons pour cela notre chapitre en deux sections, dont la première s'occupera de la naissance de l'obligation de réparer, et la seconde de l'exécution ou de l'extinction de cette obligation.

SECTION PREMIÈRE.

Éléments essentiels à la naissance de l'obligation de réparer le dommage.

Un fait ne donne naissance à une obligation qu'autant qu'il réunit les trois conditions suivantes :

1° Il faut que l'auteur du fait ait été libre de le commettre, ou de ne le pas commettre.

2° Il faut que le fait constitue une faute, c'est à-dire une infraction à la loi.

3° Enfin il est nécessaire que le fait cause un préjudice à autrui.

Examinons séparément chacun de ces éléments.

§ I. *Liberté de l'auteur du fait.*

Ce premier élément ne se trouve point contenu expressément dans le Code Napoléon. Il est si naturel de ne pas rendre responsable d'un fait celui qui n'a pas eu la liberté de ne pas l'accomplir qu'il n'est pas même venu à la pensée des rédacteurs de ce Code qu'il y eût nécessité d'écrire ce principe. Les jurisconsultes romains, dont ils s'inspiraient, étaient complétement d'accord sur ce point, et jamais il ne s'éleva entre eux à cette occasion aucun dissentiment ; c'était aussi l'opinion de plusieurs de nos anciens auteurs, et entre autres de Pothier dont les ouvrages leur servaient de modèles. D'ailleurs dans une autre partie de notre législation qui a un but analogue à celui des dispositions législatives que nous commentons, nous voyons des applications de ce principe de logique et d'équité que celui qui n'est pas libre de faire ou de ne pas faire quelque chose, n'est pas responsable de ce qu'il a fait.

Il est nécessaire de savoir ce que l'on entend par ce mot de liberté. Pour le philosophe qui considère principalement l'homme dans l'exercice intérieur de ses facultés intellectuelles, c'est-à-dire en l'isolant du monde extérieur, la liberté est la faculté, la puissance de se déterminer pour tel parti ou pour tel autre, de former une résolution ou de ne la point former. La liberté, ne dépendant alors que de l'intelligence, puisque pour se déterminer il faut connaître, ne peut naître et périr qu'avec elle. Pour le jurisconsulte, au contraire, qui s'occupe surtout de l'homme dans ses rapports avec les autres hommes et avec les choses extérieures, la liberté est quelque chose de beaucoup plus restreint, ce n'est plus alors que la faculté de faire ce qu'il plait à l'homme, jusqu'à ce qu'une force morale ou physique supérieure à la sienne l'arrête.

Un homme ne sera donc pas responsable de son fait quand il l'aura accompli sans intelligence, ou sous la pression d'une force étrangère à laquelle il n'aura pu résister. Cela nous conduit à rechercher d'abord quelles sont les personnes qui jouissent d'une raison suffisante pour être responsables de leurs actions, et quelles sont celles qui n'en ont pas assez pour en répondre, ensuite dans quels cas une personne subit une violence telle qu'elle ne doive pas être responsable du fait qu'elle a accompli sous cette pression.

Quant au premier point, nous avons déjà dit dans notre thèse latine que le droit romain partageait l'existence de l'homme en deux périodes dont chacune constituait un état juridique distinct. Dans la première, en effet, l'homme était présumé n'avoir pas une intelligence suffisante de ses devoirs pour être responsable de ses actes, tandis que dans la deuxième au contraire il était présumé assez intelligent pour en répondre. Le droit français n'a tracé là dessus aucune règle, de sorte qu'il nous est impossible de poser une limite en deçà de laquelle l'homme ne sera pas responsable de ses faits et au-delà de laquelle il le sera. Il est vrai que l'art. 66 du Cod. Pén. décide implicitement que l'individu âgé de plus de seize ans est présumé avoir une intelligence suffisante pour se diriger dans la vie, et qu'il est dès lors responsable de ses faits, sauf bien entendu les cas exceptionnels où il aurait perdu sa raison ; mais cet article ne dit point que les individus âgés de moins de seize ans seront au contraire, considérés comme n'ayant pas assez d'expérience pour être déclarés responsables de leurs faits ; il porte seulement que la juridiction à laquelle sera déférée la connaissance d'un crime ou d'un délit, devra décider si l'auteur âgé de moins de seize ans a agi avec ou sans discernement.

En appliquant l'art. 66 du Cod. Pén. à la matière des délits et des quasi-délits du droit civil, ce que nous n'hésitons pas un seul instant à faire, parce qu'il y a entre la responsabilité publique et la responsabilité privée la plus grande analogie, et même une raison de plus en faveur de cette dernière, qui n'exige que la faute, tandis que la première exige le dol, il n'en reste pas moins évident qu'il appartient aux juges seuls de décider si l'individu âgé de moins de seize ans est ou n'est pas responsable de ses faits. Il est à remarquer qu'ils conservent ce pouvoir d'appréciation, même quand le mineur de seize ans a été acquitté au criminel sur la poursuite de l'action publique comme ayant agi sans discernement, car s'il n'a pas compris qu'il commettait un crime ou un délit, il a très-bien pu savoir qu'il faisait mal, et cela suffit pour la responsabilité civile.

Selon l'art. 66 Cod. Pén. après l'âge de seize ans l'homme est présumé intelligent, et par suite déclaré responsable de ses actions ; mais comme cette présomption peut se trouver démentie en fait, la loi, d'accord avec la raison, permet d'établir qu'il n'a pas conscience de ses actes. Il est possible, en effet, que l'homme, quoique arrivé à l'âge où il est ordinairement doué de raison, n'en ait pas encore eu, ou qu'après en avoir eu il l'ait perdue, et alors il ne doit pas être responsable de ses actes : tels sont les idiots et les fous. Cette décision, qui semble ne devoir soulever aucune dissidence parmi les auteurs, tant elle est conforme aux règles de la saine logique et à l'esprit comme au texte de l'art. 64 du Cod. Pén., est cependant contestée par deux grandes autorités, Merlin et Carnot, qui ne donnent aucune raison à l'appui de leur opinion. Elle n'est pas soutenable, et ce n'est pas pour en avoir professé de pareilles, que ces deux hommes ont acquis la grande réputation dont jouissent encore aujourd'hui leurs écrits. C'est avec bien plus de raison qu'Ulpien a pu dire que le fait d'un fou était exactement considéré en droit comme la chute d'une pierre.

Comme il est possible que la folie ne soit pas continuelle chez un individu, qu'elle ait des périodes comme les maladies du corps, et laisse ainsi à celui qui en est atteint l'usage de sa raison pendant un temps plus ou moins long, il est responsable de ses faits accomplis pendant la trève que le mal lui accorde ; car on ne peut pas dire alors que ce fait soit le fait d'un fou, puisqu'il ne l'était pas au moment où il l'a commis. Nous pensons même qu'il n'y a pas à distinguer entre le fou qui est interdit et celui qui ne l'est pas, parce que l'art. 1124 Cod. Nap. n'est pas applicable à notre matière. Lorsqu'il s'agit d'obligations nées d'un contrat, on comprend en effet que le législateur ait pu les déclarer nulles pour protéger efficacement le fou contre lui-même, parce que les tiers au profit desquels il les a contractées ont toujours à s'imputer d'avoir traité avec un incapable; mais cette décision, qui du reste est rigoureuse même en matière de contrats, ne se comprendrait plus et blesserait ouvertement les lois de l'équité si on l'appliquait à des obligations nées d'un fait qui est l'œuvre de l'interdit tout seul, et que le créancier n'a eu aucun moyen de prévenir.

La folie partielle, c'est-à-dire la maladie mentale qui n'affecte l'intelligence que relativement à une certaine série d'idées, à certains objets déterminés et que l'on désigne aujourd'hui sous le nom de monomanie, en prenant ce mot dans le sens que lui attribue son étymologie, détruit, comme la folie entière, la raison de celui qui en est atteint, et alors il ne doit pas être responsable de ceux de ces faits qui se rattachent à l'ordre d'idées sur lesquelles il manque d'intelligence. Ce point n'est plus contesté aujourd'hui en droit pénal, et ne doit pas l'être davantage en droit civil; car de même qu'il serait barbare de frapper de peine afflictive celui qui en plongeant ses mains dans le sang, n'a pas su ce qu'il faisait, de de même il serait injuste de le rendre responsable du préjudice causé par ce même fait.

Il nous reste à dire quelques mots d'une question

vivement controversée, celle de l'influence de l'ivresse sur l'homme et sur les conséquences juridiques de ses actes. Dans la pensée des jurisconsultes romains, l'ivresse était toujours une faute, et conséquemment l'homme devait être responsable de tous les dommages qu'il causait dans cet état.

Cependant un célèbre philosophe pensait que celui qui, connaissant son défaut, avait pris toutes les précautions nécessaires pour en prévenir les fâcheuses conséquences, avait fait une excellente chose. *Ebrietatis suæ temeritatem ac petulantiam metuunt, mandant suis ut e convivio auferantur; intemperantiam in morbo suam experti parere sibi in adversa valetudine vetant : optimum est notis vitiis impedimenta prospicere.* Senec. *De Ira* III-14. Sans doute dans la pensée de Sénèque, l'ivrogne n'était obligé à rien autre chose, quoi qu'il arrivât. C'est à peu près l'opinion de Voët. Il induit, en effet, du texte de Sénèque que quiconque est enclin à l'ivrognerie, commet une faute, s'il ne prend pas de précautions pour en prévenir les suites. Nous pensons qu'aujourd'hui il faut distinguer entre l'ivresse volontaire et l'ivresse involontaire. Quant à la première, on ne peut nier qu'elle ne constitue une faute, et par suite qu'elle ne donne lieu à une responsabilité; mais quant à la seconde, il n'en est pas de même; car n'étant pas le résultant d'une faute, on ne voit pas pourquoi elle rendrait l'auteur du dommage responsable. Que peut-on reprocher, en effet, à la personne qui, au sortir d'un dîner où elle n'a pris qu'une quantité de vin égale à ce qu'elle consomme chaque jour, se trouve ivre et blesse un passant ? C'est un malheur, voilà tout. Mais c'est à l'auteur du dommage à établir que son ivresse n'est point le résultat de sa faute.

L'homme conserve-t-il son intelligence pendant son sommeil, et par suite est-il responsable des actes qu'il accomplit dans cette situation ? Il nous semble que la négative ne peut être mise en doute; car l'observation nous révèle que les actes accomplis pendant le sommeil sont des mouvements physiques, automatiques, auxquels la volonté n'a aucune part. Cependant des physiologistes et des jurisconsultes ont sérieusement prétendu que l'homme pendant son sommeil conserve encore une certaine intelligence, puisqu'il fait effort pour s'arracher à cet état quand il est sous l'impression de pénibles pensées. Toutefois au point de vue qui nous occupe, comme une simple faute suffit pour entraîner l'obligation de réparer le dommage causé par un fait, la personne qui a causé ce dommage pendant son sommeil en est responsable, si, connaissant son état, elle n'a pas pris les précautions nécessaires pour le prévenir.

Quant au second point, il faut distinguer si la violence, la contrainte qui a été exercée sur l'homme est une violence morale ou une violence physique. Dans le premier cas, il est bien difficile de dire si la contrainte exercée sur une personne a été suffisante pour la priver de sa liberté, ou si, au contraire, elle a pu se refuser à accomplir l'acte qui lui était commandé; dans le second, au contraire, il sera presque toujours facile de vérifier en fait si la force contre laquelle une personne a eu à lutter était supérieure à la sienne.

Il nous faut considérer la contrainte morale dans deux situations différentes : ou il existait entre l'auteur de la violence et celui qui l'a subie de ces rapports qui dans la société obligent l'un à exécuter les ordres de l'autre, ou il n'en existait pas.

Lorsqu'il existait entre l'auteur de la contrainte et celui qui l'a subie, un lien qui obligeait le dernier à obéir aux ordres du premier, comme le soldat est tenu d'obéir aux ordres de son caporal, nous pensons qu'il n'est pas possible de dire d'une manière absolue si l'inférieur est responsable ou non, pour avoir obéi à son supérieur. Dans l'état actuel de notre législation, qui ne contient aucune disposition là dessus, ce sera toujours une question de fait. Les moralistes eux-mêmes sont divisés sur cette question si célèbre de la théorie de l'obéissance passive. Selon Saint-Augustin, le soldat ne doit pas discuter l'ordre de son chef; mais aussi il n'est pas responsable, le chef seul l'est. Selon Rossi, Grotius et Barbeyrac, il doit au contraire l'examiner, et s'il était convaincu de l'iniquité de l'ordre, ne pas obéir, car autrement, il en serait responsable.

Lorsqu'il n'existait aucun rapport de supérieur à inférieur entre la personne qui en a contraint une autre à faire quelque chose de dommageable, nous pensons que l'auteur du dommage doit être responsable de son fait, toutes les fois que le mal dont il était lui-même menacé était inférieur à celui qu'il lui était commandé de faire à autrui; mais qu'au contraire, il n'en est pas responsable si le dommage que son refus allait lui causer, était supérieur à celui qu'il lui était ordonné de causer à autrui; c'était ce qu'on décidait à Rome comme on peut le voir par la loi 49 *ad. leg. Aq.* Cette solution n'est certainement pas conforme aux principes rigoureux de la philosophie, et nous nous serions bien gardé de l'écrire ici, s'il y avait encore dans ce monde quelques disciples de Zénon ; mais nous pensons que tout ce que législateur peut demander à l'homme, c'est qu'il se prononce pour le moindre dommage.

Il est évident que l'homme n'est pas responsable de son fait lorsqu'il ne l'a accompli que sous la pression d'une violence matérielle, d'une force majeure. On peut même dire, dans ce cas, que ce n'est pas même son fait, car son corps n'a joué que le rôle d'un instrument, et personne sans doute ne s'avisera de soutenir que la fausse clef avec laquelle on a ouvert un secrétaire afin d'en soustraire le contenu, est responsable du vol, ou mieux que la torche avec laquelle on a enflammé une maison est responsable des dégâts causés par l'incendie. Mais le point de savoir quand la force physique qui s'exerçait sur l'auteur d'un fait a été assez grande pour détruire sa liberté et le réduire à l'état d'instrument est, comme dans le cas de contrainte morale, une question de fait qu'il appartient aux juges de résoudre.

Si l'homme n'est pas responsable d'un fait matériellement accompli par lui, mais auquel sa volonté n'a pas eu la moindre part ; il doit encore bien moins l'être d'un fait à la perpétration duquel il n'a pas même pris part physiquement, c'est-à-dire d'un cas fortuit; et l'on comprend à peine pourquoi les auteurs qui se sont occupés des délits et des quasi-délits ont pris soin de le dire, car il semble que le contraire ne peut jamais venir à la pensée. Cela serait parfaitement inutile, en effet, si l'homme et la nature ne concouraient jamais à l'accomplissement d'un même fait, si leurs actions s'exerçaient toujours séparément ; mais comme le contraire peut arriver, et arrive réellement quelquefois, il a été nécessaire de s'occuper du cas fortuit et de distinguer le cas purement fortuit, œuvre de la nature seule, du cas fortuit mixte, œuvre de l'homme et de la nature, parce que l'homme qui doit rester étranger aux conséquences du premier, doit être responsable de celles du second.

Si donc il arrive quelquefois dans la pratique qu'une personne soit obligée de réparer les suites d'une force majeure ou d'un cas fortuit, il n'en est ainsi qu'autant qu'elle a commis un fait auquel la force majeure ou le cas fortuit est uni comme l'effet l'est à la cause, c'est-à-dire dans le cas seulement où ces événements ne se sont produits ou n'ont été dommageables qu'à cause d'un fait de l'homme préalablement accompli. Si nous n'avons point de textes qui confirment directement cette solution, nous pouvons du moins la fortifier des dispositions des art. 1754 et 1954 du Code Nap., rédigés, il est vrai, pour la force majeure et le cas fortuit en matière de contrats, mais qu'il est conforme à la raison et aux intentions du législateur d'appliquer aux délits et aux quasi-délits.

§ 2. *Infraction à la loi.*

Pour qu'un fait constitue un délit ou un quasi-délit, il est nécessaire, non seulement qu'il soit imputable à son auteur, mais encore qu'il ait été commis contrairement aux prescriptions de la loi. Cette condition est écrite dans l'art. 1382 en ces termes : « Tout fait quelconque de l'homme qui cause à au-« trui un dommage oblige celui par la faute duquel il est arrivé à le réparer. » En effet, commettre une faute, c'est faire ce que l'on ne doit pas, ou ne pas faire ce que l'on doit faire, comme le dit Paul : *Nemo damnum facit nisi qui id fecit quod facere jus non habet*. D. l. 151. R. I. Toute la question consiste donc à déterminer quels sont les devoirs juridiques ou les obligations de l'homme envers ses semblables. A l'état naturel, si tant est qu'il s'y soit jamais trouvé, l'homme pouvait faire tout ce qu'il lui plaisait et n'était obligé à rien; mais depuis qu'il est entré dans la vie sociale, sa liberté s'est trouvée limitée par les exigences de cet état. La loi à laquelle il appartient de régler les rapports des hommes entre eux et des hommes avec les choses, a dû elle-même en fixer les limites. C'est ce qu'elle fit nettement chez les Romains, comme nous le voyons dans la loi 5 *de statu hom.* D. « *Libertas est naturalis facultas ejus quod cuique facere libet, nisi si quid jure prohibetur*, » et ce principe n'y fut jamais mis en doute; mais il périt avec cette société romaine, et pendant une longue suite de siècles, l'arbitraire régna partout à la place de la loi. Aussi dans notre ancien droit français, était-il impossible de dire d'une manière générale ce qui était permis et ce qui était défendu. Ce ne fut qu'en 1791 que le législateur nouveau, que notre pays venait de se donner, passant par dessus l'ancien régime pour se rattacher aux traditions romaines, proclama solennellement que l'homme peut faire tout ce que la loi ne défend pas, et n'est obligé de faire que ce qu'elle ordonne.

Ainsi dans notre législation moderne comme dans le droit romain, il ne saurait y avoir de difficulté sur l'existence de ce principe, que l'homme n'est en faute qu'autant qu'il a fait ce que la loi lui défendait ou qu'il n'a pas fait ce qu'elle lui ordonnait. Il résulte de là que celui qui cause du dommage à autrui en usant de son droit, n'est pas obligé de le réparer, puisque loin de contrevenir à une défense de la loi, il ne fait que se conformer à ses prescriptions. *Nullus videtur dolo facere qui suo jure utitur*. D. 55, R. I. Si le principe est facile, il n'en est pas de même de ses applications à certains faits particuliers. Passons en revue quelques exemples.

Et d'abord, pour commencer par l'un des plus importants, il est hors de doute que celui qui cause à autrui un préjudice en défendant sa vie, n'est pas en faute, parce que c'est un droit pour l'homme de vivre et de se défendre quand il est attaqué. Dans l'opinion de la plus grande partie des philosophes et des jurisconsultes, c'est plus qu'un droit, c'est même un devoir. Aussi quand une violente aggression met une personne dans l'impossibilité de sauver son existence autrement qu'en privant l'agresseur de la sienne, quelque considérable que soit le préjudice occasionné, ce fait ne donne-t-il lieu à aucune responsabilité. Mais il est de toute nécessité que la victime de l'aggression n'ait eu que ce seul moyen de préserver son existence ; car s'il lui avait été possible de se soustraire au danger qui la menaçait soit par la fuite, soit en mettant l'assassin dans l'impuissance d'exécuter son dessein, elle serait responsable du dommage ou du moins d'une partie du dommage *pro ratione excessus*. C'est ce que décide l'art. 328, C. P. dont la disposition est développée par l'article 329 du même Code, qui présume une personne en état de légitime défense, quand elle repousse pendant la nuit une attaque dirigée contre son habitation, ou quand elle se défend, soit pendant la nuit, soit pendant le jour contre des brigands qui sèment la terreur sur leur passage. Ces deux présomptions sont presque toujours justes, car il est évident que les individus qui s'efforcent de pénétrer la nuit dans une habitation, ne peuvent avoir que de mauvais desseins et qu'ils ne reculeront devant aucun crime pour les accomplir ; et, de même, que ceux qui volent ou pillent à main armée, font bon marché de la vie des personnes qui tentent de leur opposer de la résistance. Cependant nous pensons qu'elles doivent tomber devant la preuve du contraire, et que conséquemment les personnes qui ont donné la mort à un individu entré la nuit dans leur habitation, avec des intentions pacifiques qu'elles connaissaient bien, doivent être déclarées responsables du dommage causé par cet homicide.

Si celui qui use simplement de son droit pour défendre sa vie n'est pas responsable du dommage qu'il cause, à plus forte raison celui qui cause un préjudice en obéissant à une prescription de la loi, ne commet-il pas de faute. C'est ce que décide l'art. 327 du C. pénal dont la disposition mérite d'être bien comprise. Cet article ne destitue de tout effet juridique que les faits dommageables ordonnés par la loi et commandés par l'autorité légitime, et l'on comprend sans peine qu'il n'en pourrait être autrement sans de grands dangers pour la société; car s'il était permis au premier venu de se faire le ministre et l'exécuteur de la loi, elle servirait souvent de prétexte à de mauvaises actions.

L'exercice d'un droit de créance comme de tout autre droit, bien qu'il puisse causer un véritable préjudice au débiteur, ne constitue pas une faute, et par suite ne donne point lieu à responsabilité. Ainsi le créancier qui fait pratiquer une saisie-arrêt entre les mains du débiteur de son propre débiteur, n'est point responsable du préjudice que lui cause l'insolvabilité du tiers-saisi survenue pendant l'existence de la saisie. Mais ici comme dans l'exercice du droit de légitime défense, il ne faut faire que ce qui est nécessaire à la conservation de nos intérêts; car autrement le dommage causé sans nécessité par pur esprit de vengeance ou de vexation, devrait être réparé par le poursuivant.

L'exercice du droit de propriété, bien qu'il puisse causer du dommage, ne donne lieu non plus à aucune responsabilité, pourvu que le propriétaire n'excède pas les justes limites de son droit, et qu'il n'ait pas agi dans l'unique intention de nuire au voisin sans se procurer aucun avantage. Mais quelles sont les justes limites du droit de propriété, quels sont les actes que chacun peut faire sur sa chose, sans encourir aucune responsabilité, et quels sont ceux que l'on ne peut accomplir sans s'exposer à réparer le dommage qu'ils pourront occasionner aux voisins? C'est ce qui n'est bien établi nulle part dans nos lois. Cependant, comme le Code, dans son art. 544, définit la propriété le droit de jouir et de disposer de sa chose de la manière la plus absolue, pourvu qu'on n'en fasse pas un usage prohibé par les lois ou par les règlements, nous pouvons dire d'une manière générale que tout acte de maître fait par un propriétaire sur sa chose ne peut faire naître d'obligation de réparer un préjudice qu'autant qu'il est défendu par une loi ou un règlement; ensuite qu'il est présumé exécuté selon son droit, et que c'est à celui qui prétend que ce fait lui cause un préjudice à établir qu'il constitue une violation des lois ou des règlements.

Ainsi le propriétaire qui en faisant creuser un puits dans son jardin, fait couper les sources qui alimentent celui du voisin et le met à sec, ne doit point réparer ce préjudice, parce qu'en agissant comme il l'a fait, il a usé de son droit de propriété pour son avantage et qu'il n'a contrevenu à aucun acte législatif. Telle était l'opinion de Domat qui s'exprime ainsi : « Celui qui faisant nouvel œuvre dans son héritage, use de son droit sans blesser ni loi, ni usage, ni titre, ni possession qui pourraient l'assujettir envers ses voisins, n'est pas tenu du dommage qui pourra en arriver, si ce n'est qu'il ne fît ce changement que pour nuire au voisin sans usage pour soi. Car dans ce cas ce serait une malice que l'équité ne souffrirait point. Mais si l'ouvrage lui était utile, il ne pourrait en être tenu. Ainsi celui qui, creusant dans son héritage pour y trouver de l'eau, ferait tarir celle d'un puits ou d'une source de son voisin n'en serait pas tenu. »

Comme nous venons de le voir, le principe que l'homme peut faire tout ce qui n'est pas défendu par la loi n'est point contesté ; s'il donne lieu à quelques difficultés, ce n'est que lorsqu'il s'agit de l'appliquer à certains cas particuliers. Quant au principe que l'homme n'est obligé de faire que ce que la loi lui ordonne, il est assez sérieusement méconnu par quelques auteurs qui ont enseigné que celui qui n'empêche pas une action nuisible quand il est en son pouvoir de le faire, s'en rend en quelque sorte complice, et doit en répondre comme s'il l'eût commise lui-même. A l'appui de leur opinion, ils invoquent l'autorité du droit romain et de notre ancien droit français qui le décidaient ainsi, témoins les lois 44 et 45 *ad. leg. Aquil.* et Domat.

Nous ne saurions admettre cette opinion qui tend plutôt à introduire une disposition législative dans nos Codes qu'à en interpreter les textes. Les autorités sur lesquelles elle cherche à s'étayer lui font même défaut ; car il n'est pas exact que les lois romaines citées, pas plus que Domat, aient décidé d'une manière générale que l'on est en faute par cela seul qu'on n'a pas empêché un dommage. Il s'y agit uniquement du cas où un maître laisse commettre un dégât par son esclave ou par son domestique, et de cette règle qui avait alors sa raison d'être, mais qui ne l'a même plus aujourd'hui, il n'y a rien à conclure. Il reste donc certain qu'en principe, celui qui laisse commettre un délit qu'il pouvait prévenir n'est point en faute; que par exemple, le passant qui laisse un incendie consumer une meule de blé, tandis qu'il lui aurait suffi de puiser quelques seaux d'eau à un étang voisin, et de les jeter sur le feu pour empêcher la destruction de la meule, n'est point responsable du dommage causé par l'incendie. C'est un acte d'égoïsme contre lequel la conscience proteste mais qui tombe seulement sous le coup de la loi morale.

Les auteurs ne sont pas d'accord non plus sur le point de savoir si celui qui cause un dommage en croyant user de son droit en est responsable. Les uns ont prétendu qu'il n'en doit pas répondre, parce qu'en agissant ainsi il n'a commis aucune faute, et que sans une faute il ne saurait y avoir de délit ni de quasi-délit. C'est, dit-on, ce que décidait le droit romain, comme on le voit par la loi 31, § 3, *de hered. petit. D. quia quasi suam rem neglexit nulli querelæ subjectus est*, et ce que décide encore aujourd'hui le Code Napoléon dans ses art. 1379 et 1631 qui n'obligent le possesseur qu'à restituer la chose dans l'état où elle se trouve, pourvu qu'il ne l'ait pas détériorée par sa faute. Les autres ont soutenu qu'il en devait répondre parce que l'on ne peut pas se libérer d'une obligation par son propre fait. Si le débiteur, dit-on, n'a rien à se reprocher quand il laisse périr par sa négligence une chose qu'il croit sienne, le créancier n'a rien non plus à se reprocher, et il est encore plus favorable que le débiteur, puisqu'il est resté complétement étranger à la perte de la chose. Telle est la décision des art. 1147 et 1245 du Cod. Nap. qui n'ont fait que reproduire un principe généralement admis en droit romain. En face de ces deux opinions, il s'en élève une troisième, qui semble plutôt celle d'un philosophe exposant librement la théorie du juste et de l'injuste que celle d'un jurisconsulte recherchant péniblement la volonté du législateur. Elle consiste à dire que l'on peut se libérer par son propre fait s'il a sa raison d'être, s'il est conforme aux règles du droit, de même qu'on peut négliger sa chose, si cette négligence est aussi un acte de bon administrateur.

Nous pensons qu'aucune de ces opinions n'est la véritable expression de la volonté du législateur, et qu'il la faut chercher dans un quatrième système en distinguant le débiteur qui ne peut négliger la chose due, parce qu'il est obligé de la livrer et de la conserver jusqu'à la livraison, du possesseur qui peut négliger la chose possédée parce qu'il n'est obligé à rien, et qu'il ne pourrait l'être qu'autant qu'il commettrait une faute. Il résulte bien des art. 1147 et 1245 que le débiteur de bonne foi ne peut point se soustraire à l'exécution de son obligation, en disant à son créancier, que dans l'ignorance de sa dette, il en a détruit l'objet. De même il suit des art. 1380 1631 que le possesseur de bonne foi d'un objet, ne commet point de faute en le laissant dépérir, puisque s'il l'a aliéné, le premier ne l'oblige qu'à restituer le prix de vente, et s'il l'a détérioré, le second lui ordonne seulement de le restituer dans l'état où il se trouve.

Dans la matière des contrats dont nous n'avons pas à nous occuper, les auteurs distinguent en général plusieurs degrés de fautes, mais en matière de délits et de quasi-délits on s'accorde à n'en reconnaître qu'un seul, la faute qu'Ulpien appelait *levissima culpa*. Il suffit, en effet, pour être responsable d'un fait dommageable, que l'on ait fait ce que l'on ne devait pas faire, ou que l'on ait négligé de faire ce qu'on était obligé de faire. Nous avons déjà vu, en expliquant la loi Aquilia, qu'il en était de même en droit romain, où l'infraction au texte de cette loi n'était pas susceptible de plus ou de moins. *Et culpa levissima venit in lege Aquilia*, l. 44, *ad leg. Aq.* Le principe consigné dans ce texte par le jurisconsulte de Rome est reproduit dans notre ancien droit par Domat, qui s'exprime ainsi : Toutes les pertes, tous les dommages qui peuvent arriver par le fait de quelque personne, soit imprudence, légèreté, ignorance de ce qu'on doit savoir, ou autres fautes semblables, si légères qu'elles puissent être, doivent être réparées par celui dont l'imprudence ou autre faute y a donné lieu. De là il est passé dans le Code Napoléon, art. 1382, qui porte que toute faute rend responsable celui qui l'a commise.

Lorsque l'auteur d'un fait qui a causé du dommage est en faute, et que de son côté la victime du préjudice a commis une imprudence, il n'est pas responsable de ce dommage, parce que s'il est vrai de dire qu'il est en faute, il l'est aussi que sans l'imprudence de la victime, cette faute n'eût point été dommageable, et que dès-lors elle ne peut s'en prendre qu'à elle-même si elle a souffert un préjudice. *Quia qui damnum sua culpa, id est imprudentia sentit, non intelligitur sentire damnum*. Par exemple, deux voitures venant la nuit en sens contraire, se choquent, et l'un des conducteurs est blessé parce qu'elles n'étaient éclairées ni l'une ni l'autre. La victime du dommage n'aura dans ce cas rien à réclamer; car c'est par sa faute qu'elle a éprouvé un dommage.

Cependant si le dommage éprouvé en pareil cas était le résultat d'un dol et non d'une simple faute, nous pensons que l'auteur devrait en être responsable, bien que la victime eût été imprudente ; car il n'est pas vrai de dire que sans cette imprudence le dommage n'aurait pas eu lieu, puisque l'auteur l'aurait commis tout de même. Cependant il faut convenir que la cour de cassation ne regarde cette question que comme un point de fait qu'il appartient aux tribunaux de décider souverainement. C'est ce qu'elle a décidé dans une affaire fort curieuse, où il s'agissait d'un gendre qui réclamait à sa belle-mère des dommages-intérêts pour lui avoir fait épouser comme légitime sa fille adultérine. Considérant, dit la Cour, que s'il y a eu d'un côté réticence, il y a eu de l'autre imprudence, par conséquent faute réciproque, et que quand il y a faute tant de la part de l'auteur du fait dommageable que de la part de celui à qui ce fait a causé un préjudice, la question de responsabilité est abandonnée au pouvoir discrétionnaire des tribunaux...

§ III. *Dommage causé à autrui.*

Pour qu'un fait puisse donner lieu à une action en responsabilité civile, constituer un délit ou un quasi-délit, il ne suffit pas qu'il soit imputable à son auteur, et illicite, c'est-à-dire qu'il ait été librement et volontairement accompli en violation des prescriptions de la loi; il faut encore qu'il cause un dommage à une personne déterminée. En effet, les actes de cette nature qui ne causent de préjudice à personne, ne sont justiciables que de la conscience, et ceux qui causent du dommage à tout le monde, à la société sans en causer à un de ses membres en particulier, rentrent dans le domaine de la législation pénale, et non dans celui de la législation civile; car dans cette dernière il n'y a pas d'action sans un intérêt individuel.

Le dommage peut être de deux espèces : matériel ou moral. Dans quels cas le dommage est-il matériel, et dans quels cas est-il moral ? Un individu peut éprouver un préjudice dans ses biens ou dans sa personne. Lorsque le dommage a été causé par un attentat aux biens, il est matériel; lorsque, au contraire, il a été le résultat d'un attentat à la personne, il faut distinguer si l'attentat a été dirigé contre la personne physique, contre le corps de l'individu, ou contre la personne morale, c'est-à-dire contre l'honneur ou la réputation. Dans le premier cas il est encore matériel; dans le second il est moral.

Du reste, que le préjudice soit moral ou matériel, peu importe, car l'un et l'autre doivent être réparés. Ainsi celui qui incendie ma maison est obligé de m'indemniser de même que celui qui profère contre moi en public ou dans un écrit qui circule publiquement, des injures portant atteinte à ma réputation, est obligé de réparer le tort qu'il m'a causé. Toutefois il ne faut pas considérer comme un dommage, une simple atteinte portée aux affections, aux goûts ou aux habitudes d'une personne; car une telle lésion n'est point appréciable. Si on pensait autrement, il faudrait alors admettre la possibilité d'évaluer la quantité et la qualité des sentiments de chacun de nous, ce qui est impossible, et pour le premier venu, le droit d'intenter une action en dommages-intérêts contre celui qui par un fait quelconque lui a causé du déplaisir, ce qui serait absurde.

Le dommage dont une personne se plaint doit être certain et actuel pour entraîner la responsabilité. Ainsi il ne suffirait pas pour qu'un individu pût intenter une action en dommages-intérêts contre quelqu'un, d'alléguer qu'il vient de faire quelque chose qui doit nécessairement entraîner pour lui un préjudice, parce que dans les cas mêmes où il y a le plus de probabilités qu'un fait causera du dommage, il peut encore arriver qu'il n'en cause pas. La raison ne souffre pas que la réparation précède le dommage, pas plus qu'elle ne permet qu'une personne subisse la peine d'un crime qu'elle n'a pas encore commis, mais que l'on a de bonnes raisons de penser qu'elle va commettre.

Nous avons vu tout à l'heure que tout dommage consiste dans une atteinte portée contre nos biens ou contre notre personne; mais on peut se demander si un individu ne souffre jamais un préjudice que dans le cas où l'on a attenté à ses biens ou à sa personne, ou si au contraire, il ne peut pas arriver qu'il en éprouve un par suite d'attentats dirigés contre les biens ou la personne d'autrui. On ne peut répondre à cette question d'une manière générale; il faut distinguer soit quant aux individus dont les biens ou les personnes ont été atteintes par des faits dommageables, soit quant aux faits de cette nature dont elles ont été victimes.

D'abord la règle générale, c'est que nous n'éprouvons point de préjudice par suite des faits illicites commis contre autrui. Ce n'est que par exception qu'ils peuvent nous atteindre en raison de certains rapports qui existent quelquefois entre nous et d'autres personnes, et dont quelques-uns exercent une grande influence sur l'étendue de notre patrimoine soit matériel, soit moral. Les principaux de ces rapports sont ceux qui résultent de la parenté, de l'alliance, de la subordination d'une personne à une autre, de la communauté de profession, etc.

Dans le cas d'homicide d'une femme mariée, son mari peut éprouver un préjudice, soit parce qu'elle exerçait une profession lucrative dont les bénéfices lui profitaient, soit parce qu'elle lui était utile dans le ménage, soit enfin parce qu'il pouvait en obtenir une pension alimentaire, s'il venait à en avoir besoin. Réciproquement l'homicide du mari peut causer à sa femme un dommage dans ces mêmes cas.

De même l'homicide d'un enfant peut causer à son père et à sa mère, ou à ses autres ascendants un préjudice, par exemple parce qu'il était à même par son industrie ou par sa fortune de leur fournir des secours qu'ils étaient en droit d'en attendre et de les lui réclamer. Réciproquement l'homicide d'un père, d'une mère ou d'autres ascendants peut causer un dommage à leurs enfants ou autres descendants.

Jusqu'ici les auteurs sont à peu près d'accord pour reconnaître que ces personnes ont intérêt à la réparation des dommages causés à l'une d'elles par la perte d'une autre, mais en l'absence d'un intérêt matériel, appréciable et consistant dans la privation d'un gain, les uns ont reconnu aux maris et aux ascendants le droit de réclamer la réparation des chagrins et des douleurs que la mort de leurs femmes ou de leurs descendants leur aurait causés, les autres au contraire le leur ont refusé.

Il nous semble qu'il n'est pas possible de reconnaître aux douleurs que peut causer à une personne la mort violente de ses proches parents ou alliés, le caractère de préjudices donnant lieu à une action en dommages-intérêts, à une action en réparation qui ne pourrait aboutir qu'à une condamnation au paiement d'une somme d'argent. Pour admettre cela, il faudrait poser en principe que l'affection que nous éprouvons pour certaines personnes fait partie de notre patrimoine, que c'est une chose susceptible d'être évaluée en argent, en un mot que l'argent peut tout réparer, peut tenir lieu de tout. Si cela est vrai dans nos mœurs actuelles, comme l'ont écrit quelques jurisconsultes, tant pis pour notre société; mais ce n'est pas à la jurisprudence à sanctionner de son autorité une pareille immoralité.

Lorsqu'une personne qui a été victime d'un homicide, laisse en mourant sa femme, des descendants et des ascendants, des frères et sœurs et d'autres successeurs, il y a lieu de se demander si toutes ces personnes éprouvent en même temps un préjudice, et si par suite chacune d'elles peut en demander la réparation.

Dans une première opinion suivie dans notre ancien droit, la veuve et les enfants sont considérés comme ayant éprouvé un préjudice par cela seul qu'ils étaient unis par liens les plus étroits à leur mari et à leur père, et par suite on leur reconnaît le droit de demander simultanément la réparation des dommages qu'ils ont soufferts. Il en est de même des ascendants et des frères et sœurs de la victime, sauf qu'ils ne peuvent demander la réparation que successivement, les uns au défaut des autres. Quant aux autres parents, ils ne peuvent demander la réparation du dommage qui leur est causé qu'en qualité d'héritier du défunt.

Dans une autre opinion, la veuve et les ascendants peuvent avoir un intérêt, comme nous l'avons dit ci-dessus; mais ils ne l'ont pas à raison seulement de leur qualité de proches du défunt; car l'affection seule ne saurait être considérée comme une chose susceptible d'évaluation. Il en est de même des autres parents, qui tous peuvent demander simultanément la réparation du préjudice qui leur est causé à chacun en particulier.

Quant à nous, il nous semble qu'il faut avoir éprouvé un préjudice susceptible d'évaluation, pour pouvoir en demander la réparation, et que la qualité d'héritier du défunt ne peut jamais suffire pour motiver une demande en dommages-intérêts fondée sur la mort d'un auteur. En effet, pour acquérir un droit, il faut être vivant au moment où ce droit s'ouvre; or, la victime d'un homicide n'acquiert point une action en dommages-intérêts, puisque c'est sa mort qui la fait naître; et si la victime n'acquiert pas cette action, elle ne la peut pas transmettre à ses héritiers. Donc ces derniers ne peuvent point l'exercer.

Lorsqu'une personne a reçu des blessures graves, il peut en résulter un dommage pour elle-même et un autre pour son époux ou son épouse, pour ses descendants ou ses ascendants; mais dans l'opinion que nous embrassons, cela n'a pas lieu nécessairement et uniquement à raison de la douleur que ce fait peut leur faire éprouver. Nous admettons aussi avec M. Carnot qu'un maître peut éprouver un dommage par suite d'une blessure faite à son domestique, par exemple s'il l'a reçue pendant la moisson, à cette époque où il est presque impossible de remplacer un domestique.

Si une atteinte est portée aux droits qui constituent la personne morale d'un individu, à son honneur, il éprouve un dommage moral, mais ses proches n'en éprouvent point; à moins que l'auteur des outrages ou de l'injure n'ait eu l'intention d'atteindre en même temps la famille de la personne contre laquelle il les dirigeait principalement; car chez nous, comme à Rome, c'est la volonté qu'il faut consulter pour savoir si une personne en a injurié une autre. Mais nous ne saurions admettre qu'un père puisse se trouver offensé par cela seul que son fils l'a été ou que le corps entier des avocats ou des avoués d'une ville puisse se dire atteint par l'insulte faite à l'un de ses membres. Ceux qui ont soutenu l'opinion contraire ont subi, peut-être même à leur insu, l'influence du droit romain sans prendre garde qu'en raison des changements apportés par les progrès des mœurs, dans la constitution de la famille, ce qui n'était guère rationnel déjà chez les Romains, ne l'est plus du tout chez nous.

Nous reconnaissons cependant, qu'il est bien difficile, même en l'absence de toute circonstance indiquant la volonté d'outrager un mari en même temps que sa femme, de se prononcer sur le point de savoir si les injures adressées à une femme ne rejaillissent pas nécessairement sur le mari. Ce qui rend cette question si délicate, c'est que les rapports qui constituent l'union de l'homme et de la femme ne sont pas parfaitement définis dans nos lois, et que nos institutions religieuses semblent ne faire de l'homme et de la femme qu'une seule personne : *et erunt duo in carne una*. Cependant sans nous ranger sous la bannière de l'émancipation des femmes, nous pensons que juridiquement la femme a une personnalité indépendante de celle de l'homme, et dès lors que les injures dont elle peut être victime n'atteignent point directement son mari. Nous reconnaissons cependant volontiers, que dans certains cas le mari sera plus cruellement atteint dans ses affections et dans son bonheur par les outrages faits à sa femme, qu'elle ne l'est elle-même, mais nous l'avons déjà dit, la douleur seule ne peut fonder une action civile, parce qu'il n'est pas au pouvoir de la justice humaine d'en fermer la source.

Lorsqu'une insulte est faite à la mémoire d'un mort, ses proches parents ou alliés ne sont point par cela même censés insultés. Il est vrai que ce fait peut leur causer du chagrin, mais ce n'est pas là un dommage appréciable en nature, pouvant devenir l'objet d'une action en réparation. Toutefois si l'injure faite en apparence à la mémoire de leur parent décédé, l'était en réalité à ses parents eux-mêmes, comme cela arrive souvent, c'est-à-dire si l'auteur avait l'intention de les atteindre dans leur réputation ou dans leur honneur, ils éprouveraient un dommage moral ; car le préjudice serait alors personnel et appréciable, et pourrait être réparé dans une certaine mesure.

Mais de quels dommages la victime peut-elle demander la réparation ? Est-ce de tous les dommages éprouvés indistinctement, aussi bien de ceux qui sont une suite indirecte et éloignée du fait illicite commis, aussi bien que de ceux qui en sont la suite directe et immédiate? Le législateur ne s'étant pas expliqué là dessus, c'est une question qu'il a par cela même laissée à l'appréciation des tribunaux. Dans la matière des contrats où nous avons pris plusieurs règles, pour les appliquer par analogie aux délits et aux quasi-délits, l'art. 1151 C. Nap. décide que le débiteur de bonne ou de mauvaise foi ne doit que les dommages qui sont une suite directe et immédiate de son fait ou de sa faute. Cette disposition étant conforme à la raison qui répugne à admettre que le débiteur soit responsable de tous les dommages même les plus éloignés que sa faute a pu occasionner, doit être suivie comme règle de logique et de bon sens en matière de responsabilité délictuelle.

SECTION II.

Réparation du dommage.

Lorsqu'un fait présente les trois caractères que nous venons de passer en revue, c'est-à-dire quand il est imputable à son auteur, illicite et dommageable, il fait naître une obligation de réparer le préjudice auquel il a donné lieu. Cette obligation comprend deux choses, la perte que le fait a causée à une personne et le gain qu'il l'a empêchée de réaliser, *damnum emergens et lucrum cessans*, comme disent les auteurs.

Celui qui a éprouvé un préjudice par suite d'un fait imputable et illicite a, pour en obtenir la réparation, une action en dommages-intérêts contre l'auteur de ce fait.

Si l'obligation de réparer un dommage est née d'un fait qui constitue un crime, un délit, ou une contravention, qui se trouve en même temps réprimé par une peine criminelle, correctionnelle ou de police, la victime du dommage peut exercer son action en réparation devant les tribunaux criminels, c'est-à-dire, devant les juges chargés d'infliger la peine, ou devant les tribunaux civils, et cela à son choix. Elle prend alors le nom d'action civile, par opposition à l'action qu'exerce le ministère public, action désignée sous le nom d'action publique. Quand, au contraire, le fait d'où est dérivée l'obligation de réparer le dommage n'est atteint par aucune disposition de la loi pénale, la victime ne peut s'adresser pour obtenir réparation, qu'aux tribunaux civils.

Que l'action civile soit exercée devant l'une ou devant l'autre de ces juridictions, il n'est pas nécessaire, pour qu'elle soit recevable que l'auteur du fait illicite qui a causé le dommage ait été mis en demeure de ne le pas commettre, car la raison ne souffre pas un seul instant que celui qui a fait ce que la loi lui défendait, qui a méprisé les droits d'autrui, puisse se défendre de réparer le mal qu'il a causé, sous le prétexte que sa victime, qui ne pouvait prévoir le préjudice qui lui serait causé, lui devait faire défense de violer la loi. Il en est de même des cas peu nombreux où la loi ordonne à une personne de faire quelque chose, et la soumet à l'obligation de réparer le dommage causé par sa désobéissance. La volonté impérative du législateur est, en effet, la plus énergique des mises en demeure.

Mais en quoi consiste cette réparation? Quel est l'objet de cette obligation? Elle consiste en général en une indemnité pécuniaire fournie par l'auteur du dommage à la victime. Dans plusieurs cas expressément prévus par des dispositions spéciales de nos lois, l'objet de l'obligation de réparer n'est pas une somme d'argent. Ainsi dans le cas de vol les tribunaux criminels, en prononçant sur l'action publique ordonnent en même temps la restitution des objets volés s'ils existent encore, sans préjudice toutefois, des condamnations pécuniaires de dommages-intérêts, s'il y a lieu. De même dans le cas d'injures commises par la voie de la presse, les tribunaux peuvent ordonner la destruction des ouvrages ou des parties d'ouvrages qui renferment les injures, et même l'insertion du jugement dans le journal qui a servi à les commettre ou à les propager, s'il s'agit de presse périodique. On peut encore considérer comme des exceptions à notre règle les articles 226 et 227 du Code pénal, qui portent que les auteurs d'outrages commis par menaces ou gestes contre des magistrats de l'ordre administratif ou judiciaire, contre des officiers ministériels, contre des dépositaires et des commandants de la force publique dans l'exercice de leurs fonctions ou à l'occasion de de cet exercice, pourront être condamnés à faire réparation soit à l'audience soit par écrit. C'est ce que l'on appelle la réparation d'honneur. Elle diffère de l'amende honorable, dont elle est un diminutif, en ce qu'elle consiste simplement à faire une rétractation à l'audience et non devant l'église à genoux et un cierge à la main. Cette réparation n'est point une réparation civile ; c'est une peine, car le magistrat, l'officier ministériel ou le commandant de la force publique auquel elle doit être faite ne peut pas en faire la remise. Aussi ne peut-elle être ordonnée que dans les cas spécialement prévus par la loi. Sur ce point la jurisprudence est d'accord avec la doctrine.

La fixation du montant de l'indemnité pécuniaire en laquelle consistent les dommages-intérêts, est en principe abandonnée à l'appréciation des tribunaux dont les décisions sont à cet égard à l'abri du recours en cassation. C'est ce qui résulte de l'art. 51 du Code pénal, qui porte que la détermination des indemnités dues à la partie lésée par un fait qui donne lieu en même temps à l'application d'une peine, est laissée à la justice de la cour ou du tribunal, lorsque la loi ne les a pas réglées. Quoique cet article soit placé sous le chapitre des crimes et des délits, il n'est pas douteux qu'il ne concerne aussi les contraventions de police ; car il y a pour ces dernières les mêmes raisons de décider que pour les crimes et les délits. Les exceptions à cette règle annoncées par cet article, se trouvent dans les art. 117 et 119 du même Code qui fixent eux-mêmes le chiffre de l'indemnité due en réparation du dommage causé par les faits criminels dont ils s'occupent; dans l'art. 202 du Code forestier qui détermine aussi le chiffre de la réparation due pour le dommage dont il y est question, et dans la loi du 10 vendémiaire an IV, que nous retrouverons un peu plus tard. Cependant comme notre art. 51 n'a point été édicté pour déroger aux dispositions des articles 1382 et suivants du Cod. Nap., qui exigent que le dommage soit réparé, il s'ensuit que tout le dommage et non une partie seulement, doit être réparé. Si donc un tribunal, après avoir apprécié le dommage, restait dans la condamnation, au-dessous de cette appréciation, sa décision serait sujette à cassation pour violation de l'art. 1382.

Le montant de l'indemnité doit-il être égal à l'étendue du dommage, ou bien doit-il être proportionné à la gravité de la faute qui l'a causé? Deux auteurs, Dalloz et Sourdat pensent que le plus ou moins de gravité de la faute doit entrer dans les éléments de la fixation plus ou moins élevée de l'indemnité. Malgré ces deux autorités, nous croyons que l'indemnité doit être proportionnée à l'étendue du dommage, et que la gravité de la faute est sans influence sur cette fixation. En effet, l'art. 1382 en statuant d'une manière générale que celui qui cause un dommage par sa faute est obligé de le réparer, ne proportionne point la réparation à la gravité de la faute, mais à l'étendue du préjudice qu'elle a causé.

Lorsque plusieurs personnes ont concouru à l'accomplissement d'un fait illicite d'où est né un dommage, sont-elles toutes *solidairement* tenues de le réparer? Pour répondre à cette question, il est nécessaire de distinguer entre les faits illicites et dommageables, ceux qui constituent des crimes ou des délits criminels, de ceux qui ne constituent que des délits et des quasi-délits civils. Tous les auteurs des premiers doivent être condamnés solidairement à la réparation des dommages qu'ils ont causés; car telle est la disposition formelle de l'art. 55 du Cod. pén.; tout le monde est d'accord sur ce point. Quant aux auteurs des seconds, il y a controverse.

Dans une première opinion ils sont solidaires, parce qu'il y a le même dessein de nuire dans les faits de dol ou de fraude qui n'engendrent qu'une action civile que dans ceux qui sont qualifiés crimes ou délits, et que dès lors il est naturel de leur faire application du principe consacré par l'art. 55 C. P.

Dans une deuxième opinion ils ne sont point solidaires; car la solidarité est une institution exorbitante du droit commun, qui ne peut exister que par la volonté expresse des parties ou du législateur, et dans ce cas, il n'y a ni convention, ni texte de loi qui l'établisse. L'art. 1202 du Cod. Nap. indique clairement que les arguments d'analogie ne sont point admis en cette matière.

Ces deux systèmes sont l'un et l'autre trop absolus. C'est dans l'espace qui les sépare que se trouve la vérité. En effet, lorsque plusieurs individus ont commis un délit, chacun d'eux est obligé de le réparer en totalité, *in solidum*, comme s'il l'avait seul commis ; car la circonstance qu'il a été aidé dans la perpétration d'un fait illicite ne doit pas améliorer sa position; mais il n'est pas obligé solidairement dans le sens donné ordinairement à ce mot par le Code; car le caractère d'une vraie solidarité, l'association pour répondre au créancier, ne se trouve point en matière de délits. Pour établir une pareille obligation, il n'est nul besoin d'un texte spécial, puisqu'elle résulte des principes posés dans l'art. 1382 : « Celui qui cause un préjudice doit le réparer, » ce qui s'applique à tout le préjudice, et non à une partie.

Comme l'art. 55 du Code pénal ne parle que des crimes et délits, on s'est demandé s'il ne fallait pas comprendre aussi dans sa disposition les contraventions de police. M. Duranton est d'avis d'étendre cet article aux simples contraventions de police, parce que le mot *délit* est générique, et s'applique aussi bien aux contraventions qu'aux délits, et qu'il suffit qu'il y ait lieu à une peine même simplement pécuniaire. Nous préférons, au contraire, avec M. Carnot le restreindre aux cas qu'il prévoit; car la solidarité étant une institution qui s'écarte des principes du droit ne doit pas être étendue.

Des auteurs ont soutenu, par application du principe que la solidarité parfaite résulte de la volonté des débiteurs qui forment une association pour répondre au créancier, que le cas de solidarité de l'art. 55 du Code pénal n'est qu'un cas de solidarité imparfaite parce que les individus qui veulent commettre un crime ou un délit n'ayant jamais la pensée de le réparer, n'ont point, par conséquent, celle de se donner mandat de le réparer les uns pour les autres. Cependant il est, à notre avis, plus conforme à la volonté du législateur, qui peut supposer ce caractère où il n'existe pas, que les coupables d'un crime ou d'un délit soient soumis à toutes les obligations qui résultent d'une solidarité proprement dite.

Ces débiteurs-là ne sont pas de ceux en faveur desquels il faut dans le doute appliquer la décision de la loi la plus douce; ils ne sauraient, au contraire, être tenus d'une manière assez énergique.

Le tribunal qui prononce une condamnation solidaire à des dommages-intérêts peut fixer la part que chaque condamné aura à supporter dans l'obligation, dans ses rapports avec ses co-débiteurs, et proportionnellement à la culpabilité et à l'étendue du dommage causé par chacun.

Mais en l'absence de cette fixation, celui des débiteurs solidaires qui paie le total des dommages-intérêts a-t-il un recours contre les autres?

Dans l'intérêt de la négative, on dit que personne ne peut avoir une action pour obtenir l'exécution d'une obligation fondée sur son propre délit; car cela est contraire à la morale et à la raison. Ce principe était appliqué à Rome dans la loi 3 *Si mensor falsum modum dixerit D. et* dans la l. 1 § 14 *De tutelæ et rationibus distrah. D.* résumées dans ce brocard : Nemo ex delicto suo actionem consequi potest. Le Code pénal, en se bornant à déclarer les auteurs d'un délit solidairement responsables, n'a point dérogé à ce principe de raison généralement admis dans notre ancien droit. Lyon, 5 janv. 1821.

Pour l'affirmative, on répond que le Code n'ayant point fait de distinction entre les obligations solidaires en ce qui concerne le recours, suivant les différentes causes qui leur impriment cette modalité, on ne saurait en créer. Au surplus, il n'est pas vrai de dire que l'action prendrait alors sa source dans un délit, puisqu'elle naît du jugement de condamnation, ou mieux du paiement effectué; et surout de la loi qui a créé ce recours. Autrement la condamnation ne serait plus solidaire, elle serait mise à la charge de l'un des condamnés au choix de la partie lésée, ce qui ne doit pas avoir été la pensée du législateur. Nous admettons cette opinion; car il nous semble que le législateur, au lieu de conserver l'ancien droit, l'a repoussé, puisque connaissant cette distinction, il ne l'a pas reproduite en abrogeant la législation antérieure.

Les auteurs d'un fait dommageable qui tombe sous la répression des lois pénales sont soumis à la contrainte par corps obligatoire pour le juge qui ne peut se dispenser de la prononcer, tandis que ceux qui n'ont commis qu'un fait dommageable, non justiciable de la juridiction criminelle, ne sont passibles de la contrainte par corps que dans le cas de l'art. 127 du Cod. Proc. civ., et cette contrainte est facultative pour le juge qui la prononce selon qu'il le croit convenable.

Le droit de demander la réparation d'un préjudice appartient à tous ceux qui l'ont éprouvé. Comme nous avons déjà examiné le point de savoir quelles personnes peuvent souffrir d'un préjudice, nous n'en dirons rien ici.

Mais lorsqu'une personne est décédée sans avoir intenté une action en dommages-intérêts pour obtenir la réparation d'un préjudice qui lui a été causé, ses héritiers peuvent-ils l'exercer à sa place? Il faut distinguer d'abord si le dommage est le résultat d'un attentat contre les biens ou contre la personne.

Dans le premier cas, l'action n'étant que le moyen de faire réparer un dommage matériel, de faire rentrer en fait dans le patrimoine de la victime, une valeur qu'un acte illicite en a retirée, elle passe comme le reste de la fortune du défunt à ses héritiers, qui peuvent la faire valoir comme elle eût pu le faire elle-même. Il n'y a point de difficulté là dessus.

Dans le second cas, il faut faire une sous-distinction entre le dommage provenant d'un attentat contre la personne physique, et le dommage résultant d'un attentat contre la personne morale. Lorsque le dommage est matériel, l'action est transmise aux héritiers comme les autres biens. Il n'y a, en effet, nulle différence entre le dommage matériel provenant d'un fait illicite commis contre les biens et celui qui résulte d'un fait illicite commis contre la personne physique, sauf celle que nous avons déjà indiquée concernant l'homicide. Lorsque le dommage est moral, au contraire, l'action ne passe point aux héritiers qui ne peuvent jamais l'intenter. S'il en est ainsi quand le dommage provient d'un fait illicite commis contre la personne morale, c'est que l'action en réparation ne devant point faire rentrer une valeur dans le patrimoine de la victime ne saurait par cela même appartenir à ses héritiers, car son honneur, qui seul a été atteint, est quelque chose de si inhérent à sa personne, qu'il ne peut en être détaché et transporté à une autre personne. C'est ce qui résulte de l'esprit aussi bien que du texte de la loi du 26 mai 1819, laquelle ne statue, il est vrai, que sur les injures commises par la voie de la presse. Mais par cela même que cette loi le décide ainsi pour ces sortes d'injures qui sont certes les plus graves en raison de la grande publicité qu'elles acquièrent, on ne peut méconnaître l'intention du législateur de consacrer le principe.

Mais si cette dernière action ne peut être exercée par les héritiers de la victime d'une injure ou d'un outrage, elle peut du moins être continuée par eux lorsqu'elle a été intentée par leur auteur; car il s'opère alors une espèce de novation dans la cause de l'obligation qui en fait une partie du patrimoine de la personne injuriée, et qui se transmet avec lui à ses successeurs. Ces solutions sont conformes aux règles suivies en droit romain, ce qui n'empêche pas ces questions d'être résolues de différentes manières par les auteurs modernes.

L'action en dommages-intérêts peut être intentée contre tous les auteurs et complices d'un délit ou d'un quasi-délit, et après leur mort, contre leurs héritiers et successurs universels. Cela résulte de l'article 2 du Code d'inst. crim. C'est, du reste, une obligation qui grève le patrimoine de leur auteur et qu'ils doivent supporter; car ils succèdent au passif comme à l'actif. S'il en était autrement en droit romain, c'est que les jurisconsultes considéraient la réparation civile d'un dommage comme une peine, et qu'alors ils ne pouvaient pas punir le fils pour les fautes de son père. Le principe étant faux, il fallait bien que la conséquence le fût aussi.

L'action en dommages-intérêts s'éteint par la renonciation qu'y fait la personne à laquelle elle appartient, et à plus forte raison par suite d'une transaction intervenue entre elle et l'auteur du préjudice qu'il s'agissait de réparer. Elle s'éteint encore par la prescription ; mais à cet égard, il faut faire la distinction que nous avons déjà faite plusieurs fois entre les faits réprimés tout à la fois par la loi pénale et par la loi civile, et ceux qui ne le sont que par le droit civil seulement. L'action en réparation du dommage né de faits non atteints par la loi pénale se prescrit par le laps de trente ans, en vertu de l'art. 2262, Code Nap., si la loi ne l'a pas soumise à une prescription plus courte. Quant à l'action civile à laquelle donnent lieu des faits qui tombent en même temps sous le coup de la loi pénale, elle se prescrit par le même laps de temps que l'action publique, c'est-à-dire, par dix ans, trois ans ou un an, selon que le fait illicite dont il s'agit constitue un crime, un délit, ou une simple contravention. Cela ne peut faire aucune difficulté quand ces deux actions sont portées toutes deux devant la juridiction criminelle, puisque c'est principalement en prévision de ce cas que le Code d'Inst. Crim. l'a ainsi ordonné. Mais en est-il de même quand l'action civile est déférée au jugement des tribunaux civils?

Cette question, vivement controversée dans notre ancienne jurisprudence, ne peut plus guère aujourd'hui présenter de difficultés. Cependant on a soutenu même sous l'empire du Code d'Ins. Crim. que les tribunaux civils auxquels est déféré l'examen d'une demande en dommages-intérêts fondée sur un fait criminel, ne doivent appliquer que la prescription civile parce qu'elle est le droit commun, et que le législateur n'y a dérogé que pour le cas où l'action civile est intentée devant la juridiction criminelle. Nous pensons au contraire avec presque tous les auteurs, que dans ce cas comme dans le précédent, elle reste soumise à la prescription introduite par le Code d'instruction criminelle, parce qu'il organise un système complet sur la prescription de ces deux actions, et que loin de distinguer entre les deux hypothèses, celle où l'action civile est exercée devant les tribunaux criminels et celle où elle est portée devant les tribunaux civils, il les a mises toutes deux sur la même ligne. On ne peut pas dire que, s'il ne fait pas textuellement cette distinction, c'est qu'il ne s'est pas préoccupé du cas où les deux actions seraient portées devant des juridictions différentes, puisque dans l'article 2, qui renvoie aux articles 637 et suivants touchant la prescription, il prévoit justement le cas où une action sera exercée contre les héritiers du coupable, et par conséquent devant la juridiction civile, puisque, quand il n'y a plus de coupable, il n'y a plus d'action publique possible, et par suite les juges criminels ne sont plus compétents pour statuer sur l'action civile, l'article 3 ne permettant de l'intenter devant eux qu'accessoirement à l'action publique.

Tous les actes d'instruction ou de poursuite qui interrompent la prescription de l'action publique, interrompent aussi celle de l'action privée sans qu'il y ait à distinguer si elle a été ou n'a pas été intentée devant la même juridiction; car, comme le dit Mangin, il ne serait pas possible de comprendre que le législateur qui défend de prononcer sur l'action privée avant que l'action publique soit terminée, art. 3. Inst. crim., n'eût pas conservé cette action en même temps et par les mêmes moyens que cette dernière.

Lorsque l'auteur d'un fait criminel a été poursuivi par l'action publique et condamné à une peine, l'action civile reste-t-elle soumise à la prescription réglée par le Code d'Instruc. crim., ou bien ne l'est-elle plus qu'à la prescription de l'art. 2262 du Code Nap., sauf l'interruption produite dans les deux cas par la condamnation criminelle ?

Dans une première opinion, l'action civile ne serait plus sujette qu'à la prescription de 30 ans fixée par l'art. 2262 Code Nap., parce que, dit-on, les motifs qui ont fait soumettre l'action civile à la même prescription que l'action publique ne se rencontrent plus ici, à savoir que la société est intéressée à ce qu'on n'étale plus devant ses yeux le spectacle d'un attentat dont elle a été victime quand elle ne peut plus lui infliger la peine qu'il a méritée, et aussi qu'il ne faut pas qu'une personne se trouve exposée à voir attaquer sa réputation à une époque où il y a de fortes probabilités que les moyens de prouver son innocence n'existent plus. Il est évident que le coupable ne peut ici se plaindre de ce qu'on attaque son honneur, puisque la juridiction criminelle l'a déjà frappé, et que la nouvelle action n'ajoutera rien à sa honte, quelle qu'en soit l'issue. Cela résulte bien de l'art. 626, Ins. crim., puisqu'il règle la prescription de la peine sans rien dire de l'action civile qu'il laisse par cela même sous l'empire du droit commun. Du reste, dit-on, celui qui a été condamné pour un fait criminel ne doit pas être mieux traité sur la poursuite de dommages-intérêts que celui qui n'a commis qu'un simple quasi-délit.

Dans une seconde opinion, l'action civile reste soumise à la prescription établie par le Code d'Ins. crim., et le jugement de l'action publique n'exerce sur elle aucune autre influence que celle d'interrompre la prescription comme un simple acte de procédure. Il est vrai qu'on ne peut pas en donner pour raisons principales, celles qui ont déterminé le législateur à soumettre cette action à la même prescription que l'action publique, puisque le coupable est convaincu; mais on peut néanmoins dire que ce n'est pas sans motifs que le législateur n'a fait aucune distinction entre ce cas et l'autre; car il importe à la société que le souvenir des crimes qui ont porté la perturbation dans son sein, soit oublié le plus vite possible. Nous ne pouvons trouver dans les articles 636 et 638 la trace de cette volonté que l'on attribue au législateur de laisser ce cas sous l'empire du Code Nap., puisque les art. 638 et suiv. disent de la manière la plus formelle que l'action civile s'éteindra par le même laps de temps que l'action publique, et que dans les articles où le législateur règle la prescription de la peine, il n'y a pas lieu de s'occuper de l'action civile. Quant à l'argument tiré de ce que le coupable d'un crime ne doit pas être mieux traité que l'auteur d'une simple faute, il ne signifie rien en présence d'un texte de loi qui décide le contraire, comme en cette matière.

Mais il faut bien se garder de confondre l'action en réparation du dommage causé par un crime, un délit ou une contravention, avec les actions personnelles ou réelles qui, sans prendre leur source dans un fait illicite constitutif d'un crime, d'un délit ou d'une contravention, s'exercent cependant à l'occasion d'un fait de cette nature et qui restent régies par les règles du droit civil quant à la prescription comme en tout le reste. Telle serait par exemple l'action en restitution d'un dépôt intentée contre un dépositaire infidèle ou l'action en reddition de compte intentée contre un comptable après des détournements par lui commis; car cette circonstance que ces actions s'exercent par suite d'un fait frappé d'une peine par le droit criminel, ne peut pas en changer la nature et abréger le temps de la prescription à laquelle elles sont soumises; c'est avec raison que dans ces cas, et autres semblables, le législateur n'a pas touché aux règles du droit civil; car le délit d'un débiteur ne saurait être une cause d'aggravation de la position de son créancier, en abrégeant le délai dans lequel ce dernier doit exercer son action à peine de déchéance.

Lorsque nous disons que toutes actions personnelles ou réelles, qui ne dérivent pas nécessairement d'un fait criminel, ne subissent aucune modification quant à la prescription si elles sont intentées à l'occasion d'un fait de cette nature, nous nous exprimons peut-être d'une manière trop absolue ; car il en est une, l'action en revendication de choses mobilières, qui donne lieu à une sérieuse difficulté lorsqu'elle s'exerce à la suite d'une soustraction frauduleuse. Cette difficulté vient de ce que, au lieu d'être possible en principe, la revendication d'objets mobiliers ne l'est par exception que dans deux cas : lorsque le prétendu propriétaire allègue que l'objet revendiqué a été perdu, ou qu'il a été volé, et que dans ce dernier cas il n'est plus permis après la prescription de l'action publique d'établir que le possesseur est un voleur. Aussi la question de savoir si l'action en revendication pourra être exercée ou non après l'action publique de vol prescrite, divise-t-elle les auteurs, et surtout la jurisprudence.

Dans une première opinion, qui soutient que la prescription n'a lieu que par 30 ans, on raisonne ainsi : l'action en revendication est inhérente au droit de propriété, et si en fait de meubles elle ne peut pas en général être utilement exercée, c'est parce que d'ordinaire le possesseur est couvert par la maxime : en fait de meubles la possession vaut titre. Mais du moment où l'on admet que cette maxime ne protège que la possession de bonne foi, on est forcé de reconnaître que le demandeur en revendication peut en repousser l'application en prouvant la mauvaise foi du défendeur. Or, cette preuve n'emporte pas toujours et nécessairement l'imputation d'une soustraction frauduleuse ; et dans le cas même où les faits articulés présenteraient tous les caractères d'un vol, elle n'en devrait pas moins être admise, puisqu'elle ne serait pas invoquée comme fondement de l'action, mais seulement comme moyen de repousser une exception qui serait elle-même empreinte de mauvaise foi.

Dans une seconde opinion, qui nous semble plus conforme à la pensée du législateur, la revendication d'objets mobiliers soustraits frauduleusement est toujours prescrite par le même laps de temps que l'action publique de vol, parce que le demandeur en revendication ne peut pas échapper à l'effet de la maxime en fait de meubles possession vaut titre, sans établir la mauvaise foi, et qu'il lui sera impossible de le faire sans prouver le vol, ce qui n'est plus permis après la prescription de l'action publique. En vain le demandeur éviterait-il de qualifier de vol le fait de mauvaise foi qu'il allègue, il n'en serait pas moins vrai que le défendeur dont la réputation serait menacée, en réalité tout comme si le mot était prononcé, pourrait s'opposer à ce que l'on établisse la preuve d'un fait qui constituerait le délit de vol.

La société, qui a un si grand intérêt à ce qu'aucun de ses membres ne soit inquiété quand il n'est plus en mesure de repousser une atteinte à sa réputation, ne doit pas être sacrifiée à un misérable intérêt d'argent.

CHAPITRE II.

RESPONSABILITÉ DU FAIT D'AUTRUI, DES ANIMAUX ET DES CHOSES.

NOTIONS PRÉLIMINAIRES.

Les règles que nous allons étudier, règles contenues dans les trois art. 1384, 1385 et 1386 du Code Napoléon et dans quelques lois spéciales ne sont point une dérogation au principe que chacun ne répond que de ses fautes et non de celles d'autrui ; car dans tous les cas où la loi déclare une personne responsable d'un dommage occasionné par un fait qu'elle n'a pas commis, elle présume que ce fait n'aurait point eu lieu et que, par suite, le dommage n'aurait point été causé, si cette personne n'eût point commis une faute antérieure. Ce n'est donc qu'une présomption légale de faute, une exception à cette règle que c'est à celui qui réclame l'exécution d'une obligation à faire la preuve de son droit. En effet, dans tous les cas contenus dans ces articles, la victime du dommage résultant du fait d'une personne, sur la conduite et les actions de laquelle telle autre personne est chargée de veiller, n'a point à prouver que cette dernière n'a pas fait ce qu'elle devait faire pour empêcher le fait dommageable, qu'ainsi elle est en faute. Cette preuve est toute faite par la loi elle-même.

Cette présomption se présente à deux degrés : elle est simple ou absolue. Elle est simple quand le législateur, tout en dispensant le demandeur de faire la preuve de sa prétention, laisse au défendeur la faculté qui lui appartient naturellement de prouver que la demande n'est pas fondée. Elle est absolue, quand le législateur ne permet pas au défendeur de faire cette preuve. Lorsque la présomption est absolue, si la personne présumée en faute ne l'est pas réellement, il en résulte une véritable exception au principe que chacun ne répond que de ses propres fautes, et par conséquent une iniquité. Mais dans les cas très peu nombreux, où la loi a établi cette présomption absolue, il est presque impossible que la personne présumée en faute ne le soit pas. C'est dans un but d'intérêt général qu'elle a été portée ; or, toutes les règles de cette nature peuvent faire quelquefois du mal; mais ce mal ne peut se comparer au bien qu'elles procurent ou qu'elles sont destinées à procurer à la société. En pure philosophie cette raison n'est pas suffisante pour les absoudre du reproche d'injustice ; mais en législation, comme on ne peut atteindre au juste, on se contente de s'en écarter le moins possible.

Cette présomption, base de la responsabilité d'un fait étranger à la personne responsable, étant une exception au droit commun, ne doit jamais être étendue au-delà des limites que la loi lui a tracées. Les règles ordinaires de l'interprétation des lois ne sont donc point applicables à cette matière. Ainsi il n'est point permis de déclarer responsables d'un dommage qu'elles n'ont pas causé elles-mêmes, d'autres personnes que celles auxquelles le législateur impose cette obligation, ni de l'étendre à des choses autres que celles qui sont déterminées par la loi.

L'obligation de réparer le dommage causé par un fait qui nous est étranger, est une obligation civile; elle n'est établie qu'en ce qui concerne le préjudice causé à une personne individuellement et non en ce qui touche le dommage causé à la société. En matière criminelle, il n'y a pas de présomptions légales; c'est toujours au demandeur, en général, au ministère public, à faire la preuve de ce qu'il avance, et il ne lui suffirait pas de prouver qu'une personne a commis une faute qui a précédé ou amené un crime, un délit ou une contravention pour qu'elle entraînât une peine contre son auteur; car les peines ne peuvent être prononcées que contre les coupables des faits illicites auxquels elles sont attachées. Tel est le principe rationnel et philosophique, principe auquel le législateur peut déroger, comme il le fait en matière de douanes et de contributions indirectes en rendant les pères et les maîtres responsables des amendes prononcées contre leurs enfants et préposés.

L'action qui appartient à la victime d'un préjudice contre la personne déclarée civilement responsable par la loi, est soumise aux mêmes règles que celle qui peut être exercée directement contre l'auteur d'un fait imputable, illicite et dommageable. Le principe de la responsabilité est écrit dans l'art. 1384, premier alinéa, en termes qui ont besoin d'explications, car pris à la lettre, cet alinéa n'apprend rien au lecteur ou lui apprend beaucoup trop. Mais si on le confère avec les alinéas suivants, on voit que le législateur a voulu établir une règle générale limitée immédiatement par une énumération ; sa pensée, si nous ne nous trompons, a été celle-ci : l'homme est responsable des dommages causés par les personnes qu'il est chargé de diriger et de surveiller. Puis il a dressé la liste des cas où une personne est obligée d'en surveiller d'autres, comme aussi des cas où une personne est obligée d'empêcher des animaux ou des choses de nuire à autrui.

Nous allons examiner successivement ces divers cas de responsabilité ; mais comme les règles varient un peu selon qu'il s'agit d'un dommage causé par une personne, ou d'un dommage causé par un animal ou une chose, nous diviserons cette matière en deux parties et nous consacrerons à chacune une section.

Section I.

Responsabilité du fait d'autrui.

§ 1. *Responsabilité du père et de la mère.*

Le père est responsable du dommage causé par ses enfants tant qu'ils sont mineurs, et qu'ils habitent avec lui ; lorsque le père est mort, cette responsabilité passe à la mère (art. 1384, ali.2). Ainsi deux conditions sont exigées par ce texte, pour que le père ou la mère réponde civilement du dommage causé par son enfant : qu'il soit encore mineur, et qu'il habite dans la maison paternelle. Cette responsabilité n'étant qu'une suite de la puissance paternelle, une sanction, en quelque sorte, de l'observation des devoirs qu'impose le titre de père, il s'ensuit qu'elle cesse alors que cette puissance s'éteint, alors que le père n'a plus assez d'autorité sur son fils pour le diriger.

La puissance paternelle s'éteint quand l'enfant a atteint l'âge de vingt et un ans accomplis. Elle s'éteint encore lorsque l'enfant a été émancipé soit par son mariage, soit par une déclaration de son père ou de sa mère faite dans la forme prescrite par la loi. Tout le monde est d'accord pour reconnaître que l'émancipation légale, résultant du mariage de l'enfant, en même temps qu'elle met fin à la puissance paternelle, fait cesser la responsabilité du père ou de la mère, mais on conteste ce dernier effet à l'émancipation volontaire.

Dans une première opinion qui fait continuer la responsabilité après l'émancipation jusqu'à la majorité, on dit : l'émancipation d'un enfant qui n'est pas digne de ce bienfait, est un acte tout au moins inconsidéré, et il ne peut dépendre des parents de s'affranchir par un pareil acte de la responsabilité que la loi leur impose. Du reste si l'enfant habite encore la maison paternelle, l'autorité morale du père ou de la mère suffit pour le soumettre à la responsabilité. On ne peut pas leur faire ce reproche quand l'émancipation résulte du mariage, puisque c'est un acte de bon chef de famille de marier ses enfants quand l'occasion s'en présente (Dur., XIII-715).

Dans une deuxième opinion, qui arrête la responsabilité avec la puissance paternelle à l'émancipation de l'enfant, on dit : La responsabilité étant fondée sur la puissance paternelle qui met le père à même de surveiller la conduite de son fils, ne peut plus exister, lorsque cette puissance s'évanouit, lorsque le fils est émancipé, puisque l'émancipation la fait cessser (art. 372. C. Nap.). A cette raison tirée des principes, il faut ajouter cette considération que la responsabilité, étant une présomption de faute, est contraire au droit commun, et comme telle, doit non-seulement ne pas être étendue, mais encore doit être resserrée dans les bornes les plus étroites. D'ailleurs, il n'est pas vrai que le père ait une autorité morale suffisante pour empêcher ses enfants de causer un préjudice, et que l'émancipation soit un acte inconsidéré ; c'est, au contraire, souvent un acte utile aux intérêts de l'enfant. C'est par application de cette règle que nous pensons que le père n'est pas présumé en faute, ni responsable, quand son fils majeur et insensé a causé un dommage.

La responsabilité des père et mère cesse encore quand la deuxième condition exigée par 1384-2° vient à manquer : quand l'enfant mineur n'habite plus avec son père ou sa mère. On comprend facilement la raison de cette exception. Il n'eût pas été juste, en effet, de rendre le père responsable des faits de ses enfants, lorsqu'ils ne sont plus avec lui, et qu'il ne peut par conséquent, ni les surveiller, ni les empêcher de causer du dommage à autrui. Cependant, pour que la circonstance que l'enfant n'habite plus avec son père, puisse faire cesser la responsabilité, il est nécessaire que son éloignement de la maison paternelle ait une cause légitime; par exemple, qu'il soit dans une maison d'éducation, en apprentissage, ou au service militaire, parce qu'alors étant placé sous la surveillance d'une autre personne responsable aussi de ses faits, les tiers ne peuvent pas se plaindre qu'il n'ait point été surveillé. Mais si l'enfant est absent et ne se trouve plus sous la surveillance de personne, la responsabilité du père ou de la mère continue, car c'est déjà une faute de leur part, de laisser ainsi un enfant loin d'eux : ce n'est pas exercer la puissance paternelle, c'est l'abdiquer.

Bien que l'art. 1384, deuxième alinéa, ne rende la mère responsable des faits dommageables de ses enfants, qu'autant que leur père est décédé, il n'en faut pas conclure que c'est le seul cas où cette responsabilité pèse sur elle. La mère est responsable toutes les fois qu'elle exerce régulièrement l'autorité paternelle; c'est-à-dire quand le père est présumé ou déclaré absent ou quand il est en état de démence ou d'interdiction, aussi bien que lorsqu'il est décédé; car alors la mère exerce la puissance paternelle pour elle-même (141, C. N.) La mère est encore responsable, même du vivant du père, des faits de ceux de ses enfants qui lui ont été confiés après la séparation de corps légalement prononcée, ou même de ceux que le président a confiés à sa garde pendant l'instance en séparation en l'autorisant à se retirer dans une maison par lui indiquée; car elle exerce véritablement la puissance paternelle pour son propre compte, puisque la justice la lui a déléguée. Mais il n'est pas possible de la déclarer responsable des dommages causés pendant une absence du père, puisque dans ce cas elle n'exerce la puissance paternelle que comme mandataire de son mari.

En ce qui concerne les père et mère naturels, ils sont responsables comme les père et mère légitimes, quand ils en ont l'autorité. Mais alors, il faut remarquer que la mère est responsable dès que l'enfant habite avec elle; car, dans ce cas, elle exerce la puissance paternelle bien plus que le père avec lequel l'enfant ne reste pas.

Le tuteur d'un enfant mineur, lorsqu'il est chargé de la garde de l'enfant, est-il responsable comme les père et mère, des dommages qu'il cause?

Dans l'intérêt de l'affirmative, on peut dire que le tuteur exerçant la puissance paternelle, et étant à même de surveiller l'enfant comme le père lui-même, lorsque le mineur habite avec lui, doit être soumis à la même responsabilité que lui. Pothier, *oblig.*, 121, le décidait ainsi, et encore aujourd'hui plusieurs lois spéciales soumettent le tuteur à la responsabilité des dommages causés par son pupille (Code rur. tit. 2, art, 7. — Code forest., 206. Pêche, 74. — Chasse, 28).

Dans l'intérêt de la négative, on répond que la responsabilité ayant pour base une présomption de faute, ne doit jamais être étendue au-delà des cas expressément déterminés par la loi, quelle que soit d'ailleurs la puissance des raisons d'analogie que l'on puisse donner en faveur de l'extension. Les arguments tirés de l'ancien droit et des lois spéciales sur la pêche, la chasse et autres, ne peuvent rien changer à l'application du principe général; on peut même dire que si le législateur a disposé expressément que dans ces matières le tuteur était responsable, c'est qu'il savait bien qu'il ne l'était pas selon le principe de l'art. 1384.

Le père, la mère et le tuteur ont un recours contre l'enfant qui a causé le dommage, si toutefois il était capable de comprendre ce qu'il faisait, quand il a commis le fait dommageable. Cela résulte de l'art. 1384. Cette décision est conforme à la raison; car s'il est juste que le préjudice causé par suite d'une faute du père ou de la mère, soit par eux réparé, comme cette faute n'aurait causé aucun dommage si l'enfant n'en eût commis une de son côté, c'est en définitive l'enfant qui doit rester chargé de la réparation.

La présomption de faute sur laquelle repose la responsabilité imposée au père et à la mère, peut être combattue et détruite par la preuve contraire. Il suffira au père et à la mère d'établir qu'il leur a été impossible d'empêcher le dommage que leur enfant a causé, pour être renvoyés absous. Mais l'absence du père ou de la mère du lieu qui a été le théâtre du fait dommageable, n'est pas toujours une cause d'excuse capable de les faire décharger de l'obligation de réparer le dommage causé par leur enfant; il faut de plus qu'ils aient rempli leurs devoirs de parents d'une manière convenable; car, si le fait dommageable commis pendant leur absence était la conséquence de la mauvaise éducation donnée à leur enfant ou de leur négligence à le surveiller, loin de constituer une cause valable d'excuse, cette absence ne serait elle-même qu'une faute.

En principe, le mari n'est point responsable des dommages causés par sa femme; car aucun texte du Code Nap. ne lui impose cette obligation. Nous ne croyons pas qu'elle puisse sortir des termes généraux de l'art. 1384; car il limite lui-même la règle générale qu'il pose en indiquant à quelles personnes elle s'applique. En fût-il autrement, que le mari ne serait pas pour cela responsable; car pour l'être il faut être chargé de la surveillance d'une personne et avoir sur elle une autorité suffisante pour se faire obéir. Nulle loi n'impose en principe cette obligation au mari, ni ne lui accorde cette autorité. Il n'est donc pas possible de le soumettre à la responsabilité, puisqu'il n'a pas les moyens nécessaires pour empêcher sa femme de commettre un délit. Et qu'on ne dise pas qu'il a une autorité morale; car ce n'est pas là une autorité juridique, une véritable autorité.

Mais le mari est exceptionnellement responsable dans tous les cas où une loi spéciale lui impose cette obligation, comme le fait le Code des forêts, art. 206, la loi sur la chasse, art. 28, et la loi sur la pêche art. 74, et quelques autres textes particuliers à certaines matières.

§ 2. *Responsabilité des instituteurs et artisans.*

Les instituteurs et les artisans sont responsables des dommages causés par leurs élèves et apprentis pendant le temps qu'ils sont sous leur surveillance (1384). Il résulte bien de cette disposition de l'article 1484 que par instituteurs et artisans responsables, le législateur n'entend parler que des personnes chargées d'une manière permanente de la surveillance des enfants qui leur sont confiés, afin qu'ils fassent leur éducation ou qu'ils leur apprennent un métier. On ne pourait donc pas considérer comme tel et rendre responsable de dommages commis par son disciple, un professeur qui ne donnerait que des leçons pendant quelques heures, comme les maîtres de langue, de musique, d'escrime et d'autres arts d'agrément. La raison de le décider ainsi, c'est que la responsabilité des instituteurs et des artisans a pour motifs une délégation de la puissance du père faite aux personnes auxquelles il confie son enfant. Or, le père ne délègue point son autorité aux personnes qui viennent seulement dans sa maison enseigner leur art à son fils, ou chez lesquelles il l'envoie prendre une leçon par jour.

Cette considération, que les instituteurs et les artisans ne sont responsables que parce que les pères de leurs élèves ou apprentis leur ont remis une partie de leur autorité, en les chargeant de veiller sur la conduite de leur enfant, nous conduit à la véritable solution d'une question controversée. On s'est demandé en effet si les instituteurs ou artisans étaient responsables des dommages causés par leurs élèves ou apprentis majeurs. Nous pensons qu'ils ne peuvent l'être, puisqu'ils n'ont plus d'autorité sur eux, et que la responsabilité est fondée sur cette raison que ceux qui peuvent et doivent empêcher un dommage sont en faute quand ils ne l'ont pas fait. Le père dont l'instituteur ou l'artisan tient la place, ne l'étant pas quand son fils est majeur pourquoi l'instituteur ou l'artisan le serait-il? Ce serait inexplicable.

Les instituteurs et les artisans peuvent toujours, comme le père et la mère, repousser la présomption de faute établie contre eux en prouvant qu'ils n'ont pu empêcher le fait dommageable commis par leurs élèves ou apprentis. Et il est évident que dans le cas où ils ne réussissent pas à établir que le dommage n'est point arrivé par leur faute, ils ont un recours contre l'enfant qui a causé le dommage, pourvu toutefois qu'il fût à ce moment capable de comprendre ce qu'il faisait.

Mais les instituteurs et les artisans condamnés à réparer le dommage causé par leurs élèves ou apprentis, ont-ils un recours contre les père et mère afin de se faire indemniser de ce que la réparation de ce dommage leur a coûté? Nous n'hésitons pas à répondre avec tous les auteurs qu'ils n'ont point de recours contre les père et mère. Et en effet, comment en auraient-ils, puisqu'ils ne sont que leurs mandataires, les délégataires de leur autorité, et que ce n'est que pour l'avoir mal exercée qu'ils ont été déclarés responsables des dommages causés par les enfants qui leur étaient confiés.

Cependant un décret du 15 novembre 1811 sur le régime de l'Université dispose dans son art. 79 que les chefs d'établissements auront un recours contre les père et mère et tuteur des enfants qui auront causé des dommages pendant leur séjour dans l'établissement, en prouvant qu'ils n'ont pu ni prévenir ni empêcher les dommages. Mais on ne peut accorder aucune autorité législative à ce décret en ce qui concerne la responsabilité; car il émanait d'une autorité qui n'avait point le pouvoir législatif, bien qu'elle l'exerçât en fait souvent, et conséquemment il n'a pu déroger aux règles du C. Nap. L'application de cet art. 79 paraît du reste ne devoir aboutir à aucun résultat; car de deux choses l'une : ou le chef de l'établissement aura été en faute; et alors il ne pourra pas établir qu'il n'a pas dépendu de lui de prévenir ou d'empêcher le dommage et par suite il n'aura pas de recours contre les parents; ou il n'aura pas été en faute, et alors n'étant pas lui-même responsable du dommage causé par l'élève, tout recours lui devient inutile. On a bien essayé de donner un sens à cet art. 79, et de le mettre d'accord avec le principe de l'art. 1384, en disant, qu'il n'a pas pour but de soumettre les père et mère à une responsabilité personnelle; que son objet était d'indiquer que l'action récursoire du chef de l'établissement serait exercée contre le père en qualité d'administrateur légal des biens de son fils; mais nous ne pouvons voir dans cette explication qu'une ingénieuse tentative de conciliation entre ce texte et les principes généraux de la matière.

§ III. *Responsabilité des commettants et des maîtres.*

Les commettants et les maîtres sont responsables du dommage causé par leurs préposés et domestiques dans l'exercice des fonctions auxquelles ils les ont employés (1384). Comme le Code n'a point dit ce qu'il entendait par commettant et préposé, il importe pour le savoir de rechercher sur quelle base repose la responsabilité qu'il impose au commettant. Cette base se trouve dans les rapports du commettant et du préposé, rapports qui consistent en ce que le commettant choisit librement le préposé; qu'il peut lui donner des ordres sur la manière dont il veut que le travail confié au préposé soit exécuté; et qu'il doit en surveiller l'exécution. Le commettant est donc responsable des faits de son préposé, soit parce qu'il a fait un mauvais choix, soit parce qu'il a donné lui-même l'ordre d'accomplir le fait qui a causé le dommage, ou n'a pas surveillé l'exécution des insructions qu'il a données à son préposé, et que dès lors c'est par sa faute que le dommage a eu lieu.

L'Etat, les communes et les administrations publiques sont, comme les particuliers, responsables du dommage causé par leurs préposés dans l'exercice de leurs fonctions. Ce sont, en effet, des personnes civiles dont les droits et les obligations ne diffèrent point en général de ceux des particuliers.

Lorsqu'une personne d'une profession déterminée emploie à l'exécution d'un ouvrage une autre personne de la même profession, il ne saurait y avoir de doute, ces deux personnes sont bien dans les rapports de commettant à préposé. Par exemple, le maître maçon qui emploie des ouvriers maçons à la construction d'une maison est un commettant, et les ouvriers sont des préposés.

Lorsqu'au contraire une personne charge un ouvrier d'une profession reconnue et déterminée, d'un travail étranger à sa propre condition cette personne n'est point un commettant, et l'ouvrier n'est point son préposé, bien qu'elle l'ait choisi librement, puisqu'elle ne peut point lui donner des instructions sur la manière d'exécuter le travail qu'elle lui a confié, ni en surveiller l'exécution. On ne peut pas dire en effet, qu'une telle personne est en faute pour avoir choisi un ouvrier incapable, puisqu'elle n'a pas par elle-même la capacité nécessaire pour l'apprécier, ni que cet ouvrier est son représentant quant au travail confié, puisqu'elle est inapte à le diriger. C'est donc avec raison qu'il a été décidé qu'un propriétaire n'est pas responsable du dommage causé par un ouvrier couvreur qu'il avait chargé de réparer la toiture de sa maison.

Le propriétaire d'un vaisseau est responsable des dommages causés par la faute du capitaine du vaisseau ou des gens de l'équipage, quoique la plupart du temps il n'ait point choisi ces derniers, et qu'il soit hors d'état de donner des instructions au capitaine et de le surveiller. Cette règle, qui ne pourrait être tirée du Code Nap., est écrite dans l'art. 216 du Code de comm. Mais précisément en raison de ce qu'il y a d'exorbitant à obliger une personne à réparer un préjudice qu'elle n'a, ni commandé, ni pu prévenir, la loi accorde aux propriétaires de navires la faculté de se décharger de l'obligation de réparer le dommage causé par la faute du capitaine ou de l'équipage, en abandonnant le navire aux personnes qui en ont été victimes. Cet abandon n'est point un véritable abandon noxal, comme le pratiquaient les Romains, puisque, au lieu d'abandonner le *corpus quod nocuit*, le capitaine ou les gens de l'équipage, comme cela avait lieu à Rome, on abandonne le navire. La véritable raison qui a inspiré le législateur, c'est que le navire est en quelque sorte considéré comme le maître du capitaine et des hommes du bord qui ne sont que ses représentants. Cela est si vrai que le propriétaire est autorisé à faire l'abandon du navire pour se décharger des obligations contractées par le capitaine pour les besoins du navire.

Les commettants ne sont responsables que des faits dommageables commis par leurs préposés dans l'exercice des fonctions qu'ils leur ont confiées, ou à l'occasion de ces fonctions. Quant à tous les autres dommages causés par leurs préposés, ils n'en sont pas responsables, parce qu'ils ne sont pas censés les avoir ordonnés, et aussi parce qu'ils ne sont pas astreints à surveiller les actions de leurs préposés en dehors des fonctions qu'ils leur ont confiées, et qu'ainsi le dommage ne saurait être le résultat de leur faute.

Il y avait dans notre ancien droit entre les dommages que les domestiques causaient dans l'exercice de leurs fonctions et ceux qu'ils commettaient en dehors de leurs fonctions, cette différence importante que le maître n'était pas admis à faire la preuve qu'il n'avait pu ni prévenir, ni empêcher les premiers, et par suite qu'il n'était pas en faute, tandis qu'il pouvait établir que les derniers avaient été commis sans sa faute. Il n'est pas facile de donner une raison satisfaisante de cette différence. Pothier, dans les ouvrages duquel nous la trouvons écrite, se borne à dire que cette présomption absolue de faute contre laquelle la preuve contraire n'est pas possible, a été établie pour rendre les maîtres attentifs à ne choisir que de bons domestiques. (*Traité des obligations.* 121-454).

Le commettant ou le maître est-il encore aujourd'hui comme dans l'ancien droit privé de la faculté de combattre et de faire tomber la présomption de faute qui pèse sur lui, en prouvant que le dommage causé par son préposé ou son domestique, ne l'a point été par sa faute. Bien que la plupart des auteurs enseignent que cette règle n'a point été changée, nous pensons que cette présomption doit céder devant la preuve contraire, car aucun texte ne le défend. En effet, prouver son innocence est une de ces facultés naturelles qui n'ont pas besoin d'être concédées, il suffit qu'elles ne soient pas retirées par la loi, pour qu'on puisse en user.

Les commettants, comme les pères et mères ont une action en répétition des sommes qu'ils ont déboursées pour réparer le dommage causé par leurs préposés dans l'exercice de leurs fonctions, pourvu toutefois qu'ils n'aient pas commandé eux-mêmes le fait qui a causé directement le dommage.

§ 4. *Responsabilité en matière de société en commandite.*

Loi du 17 juillet 1856.

Les membres du conseil de surveillance d'une société en commandite sont responsables des dommages causés, soit aux actionnaires, soit aux tiers par les gérants de la société, lorsqu'elle a été annulée pour inobservation des formalités prescrites par les art. 1, 2, 3, 4, de la loi du 17 juillet 1856. L'art. 7, § 1 de cette même loi, qui prononce contre eux cette responsabilité ne la fait naturellement peser que sur les dommages causés par les gérants après l'entrée en fonctions des membres du conseil de surveillance; car la loi qui a voulu les obliger à remplir exactement la mission qu'ils acceptent n'a pas pu les charger de réparer les dommages qu'ils n'ont pu prévenir, et qui conséquemment ne proviennent pas de leur faute; tandis qu'ils ont pu facilement s'assurer lors de leur entrée en fonctions, si la société avait été, ou non, constituée conformément à la loi, et s'abstenir si toutes les formalités n'avaient pas été remplies.

Les membres du conseil de surveillance sont encore responsables des faits du gérant dans deux cas : 1° lorsque, sciemment ils ont laissé commettre dans les inventaires des inexactitudes graves, préjudiciables à la société ou aux tiers; 2° lorsqu'ils ont en connaissance de cause, consenti à la distribution de dividendes non justifiés par des inventaires sincères et réguliers (art. 10 de la même loi).

Il y a entre les cas de responsabilité de l'art. 7, et ceux de l'art. 10 une différence profonde. L'art. 7, en effet, impose aux membres du conseil de surveillance la responsabilité des actes du gérant, soit qu'ils aient connu les infractions commises par ce dernier aux art. 1, 2, 3, 4; soit qu'ils les aient ignorées. Cela est conséquent avec le principe de la responsabilité qui incombe à ceux qui sont coupables d'une simple faute de négligence, de l'omission d'une chose ordonnée par la loi; or, les membres du conseil ont reçu mission de la loi de vérifier l'état dans lequel se trouve la société au moment où ils en acceptent la surveillance. C'est donc par leur faute que les faits postérieurs du gérant causeront du dommage.

Dans l'art. 10, au contraire, les membres du conseil ne sont responsables des faits du gérant, que lorsqu'ils en ont eu connaissance, quand ils ont su que les gérants commettaient des inexactitudes dans les inventaires, et qu'ils distribuaient aux actionnaires des dividendes fictifs; que lorsqu'ils se sont en quelque sorte rendus ses complices. On chercherait vainement une bonne raison pour justifier cette distinction. En effet, pourquoi punit-on la négligence des membres du conseil dans le premier cas, et la laisse-t-on impunie dans le second? Est-ce qu'ils ne doivent pas également surveiller les actes de l'art. 7 et ceux de l'art. 10? Est-ce que les uns ne sont pas aussi préjudiciables à la société que les autres? Qu'a voulu la loi en édictant l'art. 7 et l'art. 10? Le rapporteur de la loi, M. Langlais lui-même nous l'apprend : « Les abus? Ils sont frappants. Une « des tromperies dont le public est victime, n'est-ce « pas l'infidélité dans les inventaires, la distribution « sous diverses dénominations de bénéfices fictifs. « Voilà les abus que la loi veut réprimer. » Mais alors pourquoi la loi ne punit-elle pas la simple négligence? pourquoi ne punit-elle que le dol? Est-ce par hasard que les abus dont se plaint M. Langlais étaient le résultat du dol des membres du conseil de surveillance avant la loi de 1856? Il suffit d'avoir la plus légère idée d'une société en commandite pour affirmer que jamais un membre du conseil de surveillance ne s'est rendu coupable de dol, et cela par une bonne raison, c'est qu'il ne s'occupait jamais de la société. On sait bien, en effet, que les membres des conseils de surveillance étaient presque toujours des hommes étrangers aux succès de la société dont le gérant achetait le patronage par des remises d'actions libérées, et qui ignoraient quelques mois plus tard ce qu'elle devenait. M. Langlais l'ignorait si peu qu'il dit lui-même : « Le conseil de surveillance « n'est en effet, trop souvent qu'une décoration pour « la société, une invitation à souscrire, un appel à « la confiance. L'entreprise se fonde, et l'action- « naire crédule, que certains noms avaient séduit, « voit plus tard dans ces mandataires, rarement des « hommes pénétrés du sentiment de leur mission, « quelquefois des complaisants, le plus souvent des « surveillants sans vigilance, ne se permettant qu'a- « vec crainte, le plus légitime contrôle. »

Le but de la loi ne sera donc pas atteint, puisqu'elle ne frappe pas ce qui existait, la négligence, l'insouciance. Et que l'on ne dise pas qu'il est difficile aux membres du conseil de découvrir des inexactitudes dans les inventaires, et de savoir si les dividendes que l'on va distribuer ne sont pas fictifs; car s'ils suivent toutes les opérations, s'ils ont les capacités nécessaires, cela leur sera facile; s'ils ne les ont pas, c'est une faute de leur part d'accepter des fonctions auxquelles ils ne sont pas aptes, et ils doivent réparer les dommages que cette faute a causés.

Il est une autre classe de personnes qui sont responsables des faits des gérants lorsque la société a été annulée pour inobservation des art. 1, 2, 3 et 4; ce sont ceux des fondateurs de la société qui ont fait un apport en nature, ou au profit desquels ont été stipulés des avantages particuliers (art. 7, § 2, de la même loi). Il y a entre les fondateurs et les membres du conseil de surveillance, cette différence raisonnable que les fondateurs sont responsables de tous les actes du gérant qui portent préjudice lorsque la société a été annulée pour inobservation des art. 1, 2, 3 et 4. tandis que les membres du conseil ne le sont que des actes postérieurs à leur entrée en fonctions.

§ V. *Responsabilité des hôteliers et aubergistes.*

Code Pénal, art. 73.

Les hôteliers et les aubergistes sont responsables du dommage causé par les personnes qu'ils ont logées plus de vingt-quatre heures sans les inscrire sur leur registre. Il résulte de l'art. 73, du Code pénal qui établit cette responsabilité, qu'elle n'a lieu que pour les dommages résultant de faits qui constituent des crimes ou des délits criminels, et il ne nous paraît pas convenable de l'étendre aux simples contraventions de police, bien qu'il y ait entre elles et les crimes et les délits, la plus grande analogie; car la responsabilité étant fondée sur une présomption ne peut être étendue sous aucun prétexte, et surtout dans l'espèce qui nous occupe où il est impossible de la justifier. On ne peut pas comprendre, en effet, sur quelles raisons le législateur s'est fondé pour imposr aux aubergistes et hôteliers l'obligation de réparer les dommages causés par des personnes sur lesquelles ils n'ont aucune autorité, et qu'il leur a été impossible d'empêcher. Cette responsabilité n'est autre chose qu'une peine, et une peine fort déraisonnable; car elle est proportionnée non pas au degré de culpabilité de l'auteur du fait, mais à l'étendue du dommage causé. L'omission que le législateur réprime par l'obligation de réparer le dommage, ne constitue qu'une contravention de police, qui ne devrait être punie que d'une peine de simple police, amende ou emprisonnement. La commission du Corps législatif trouva cette disposition exagérée; mais les raisons par lesquelles elle se laissa convaincre, ne nous paraissent pas de nature à porter la conviction dans l'esprit de ceux qui restent attachés aux vrais principes du droit; car s'il est vrai, comme le disait le rapporteur, que, « faute par les aubergistes « et hôteliers, de remplir une formalité simple et « facile, ils fournissent à des coupables les moyens « de se dérober plus facilement aux recherches, et « qu'ainsi leur négligence favorise l'impunité par « le défaut de notions propres à faire découvrir « les traces du crime ou du délit, » ces motifs pouvaient autoriser à aggraver la peine de l'omission, mais non à obliger une personne à répondre des actes d'une autre sur laquelle elle n'a aucune autorité.

Il convient de faire sur ce texte deux remarques, qui en diminuent un peu les iniques conséquences : la première, c'est que l'hôtelier ne répond que des dommages causés pendant le séjour du coupable dans son hôtel ou dans son auberge; et la seconde est que cette responsabilité n'a lieu qu'autant que l'individu a séjourné dans l'hôtel plus de vingt-quatre heures.

§ VI. *Responsabilité des communes.*

Loi du 10 vendémiaire an IV.

Cette loi, qui a été promulguée à une époque de troubles et de désordres, alors que les partis politiques s'entre déchiraient et semblaient avoir juré la ruine du pays, les uns en le livrant aux hordes étrangères qu'ils appelaient de tous leurs vœux et secondaient de toute leur puissance, les autres en voulant faire disparaître toute trace du passé, a été attaquée avec force par certains publicistes et certains jurisconsultes, et défendue avec non moins d'énergie par d'autres. Il faut convenir que l'idée de rendre la communauté d'habitants responsable des faits de ses membres, qu'elle érige en règle, n'est point neuve, et ne doit point être reprochée exclusivement aux législateurs de la révolution. Elle se rencontre comme l'ont prouvé de récents travaux historiques, à tous les âges des peuples, dans la civilisation égyptienne comme dans la barbarie germaine. Chez les Egyptiens, la responsabilité d'une ville se bornait à faire enterrer l'individu tué sur son territoire. Chez les Germains, s'il avait été dérobé quelque chose à un membre d'une centenie, les autres étaient obligés de lui en rendre la valeur.

La monarchie elle-même ne se fit pas faute de consacrer le principe de la responsabilité des faits d'autrui, chaque fois que son intérêt sembla le lui conseiller, et l'on voit le puissant Richelieu, roi en robe rouge, publier en 1740, sous son pseudonyme de Louis XIII, une déclaration qui rend tous ceux qui ont quelque autorité dans les provinces responsables des soulèvements qui pourraient s'y produire. La révolution, marchant dans ces errements, porta sur cette matière, pluiseurs décrets, dont l'un a eu le beau privilége de contenter tous les dissidents; c'est celui du 23 février 1790, qui décidait que la commune sur le territoire de laquelle un attroupement aurait causé des dommages, en serait responsable, si elle avait été requise et qu'elle eût pu l'empêcher. Après ces préliminaires, arrivons à la loi de vendémiaire qui remplace toutes ces dispositions.

Dans son titre premier, cette loi pose ainsi le principe de la responsabilité des communes: *Tous citoyens habitant la même commune sont garants civilement des attentats commis sur le territoire de la commune, soit envers les personnes, soit contre les propriétés.*

Mais tout le monde convient que ce principe général est restreint aux cas qui se trouvent énumérés dans le titre IV. Cela résulte clairement de l'intitulé de ce titre : « Des espèces de délits dont les communes sont civilement responsables. » Suit l'énumération de ces cas qui peuvent être ramenés à quatre.

1° Lorsque les dommages ont été causés par des

attroupements ou des rassemblements armés ou non armés (art. 1, 9, 12).

2° Lorsque des ponts ont été rompus, des routes coupées ou interceptées ;

3° Lorsque des cultivateurs tiennent leurs voitures démontées ou n'exécutent pas les réquisitions qui sont faites légalement pour transports et charriots (art. 9).

4° Lorsque des cultivateurs à part de fruits refusent de livrer aux termes du bail la portion due aux propriétaires (art. 10).

La première question qui s'est élevée sur cette loi est celle de savoir si elle existe encore ou si elle n'a pas été abrogée, soit par désuétude soit par quelques dispositions législatives postérieures.

Dans l'opinion qui soutient que cette loi n'existe plus, on raisonne ainsi : La loi de vendémiaire n'était qu'une loi de circonstances faite pour mettre un terme aux pillages, aux dévastations des propriétés et aux attentats contre les personnes que les passions politiques occasionnaient sans cesse sur notre territoire ; mais depuis que l'ordre est rétabli, que les lois ordinaires ont repris leur force, et que la voix des magistrats n'est plus méconnue, cette loi, contraire du reste aux principes de la justice et du droit naturel, a cessé d'être nécessaire, et dès-lors, il faut lui appliquer la maxime *cessante causa, cessat effectus*. Et puis, continue-t-on, lors même que cette loi ne serait pas abrogée par la désuétude où elle est tombée depuis la cessation du désordre, il n'en est pas moins vrai qu'elle l'est par le Code civil, qui a réglementé cette matière et prononcé l'abrogation formelle des lois relatives aux matières régies par le Code.

Mais dans l'opinion opposée, on réfute victorieusement, selon nous, tous ces arguments. En effet, il n'est point exact de dire qu'une loi cesse d'exister par cela seul qu'elle a cessé d'être appliquée pendant quelque temps, ou que les motifs qui l'ont rendue nécessaire n'existent plus ; car en France, il n'y a que l'autorité qui fait la loi qui peut l'anéantir. Or. la désuétude ne peut pas plus abolir de lois que l'usage ne peut en créer, puisque la désuétude, de même que l'usage n'est que la volonté tacite de tous les habitants, d'abolir une règle de droit, ou d'en établir une, et que, chez nous cette faculté a été déléguée à des corps représentant la nation, aux pouvoirs législatifs.

Elle n'a point non plus été abrogée par le Code, puisqu'il ne s'occupe nulle part de la responsabilité des communes, et qu'il est reconnu par tous les auteurs que les lois spéciales ne sont abrogées implicitement, par les lois générales qu'autant que les dernières sont incompatibles avec les premières. Du reste, il n'est pas vrai que cette loi fût une loi de circonstances, puisque les faits qu'elle réprime se sont produits déjà plusieurs fois dans ces derniers temps et peuvent encore se reproduire. (M. Vuatrin, à son cours.)

Quoique la loi dispose d'une manière générale que

toutes les communes sont responsables des dommages causés sur leur territoire par des rassemblements, la seule de ses dispositions dont il soit nécessaire de parler, puisque les autres ne présentent aucune difficulté sérieuse et ne se rencontrent presque jamais en pratique, on s'est demandé si la ville de Paris ne devait pas, à raison de sa situation exceptionnelle, échapper à l'obligation de réparer les dommages commis dans son enceinte?

Dans un premier système la ville de Paris ne se trouve plus comprise aujourd'hui dans la disposition de la loi qui soumet les communes à cette responsabilité. Pour le décider ainsi, on soutient que le législateur n'a pas pu demander à une commune l'impossible. Or, dit-on, depuis l'arrêté consulaire du 28 pluviôse, an VIII, qui a enlevé aux magistrats municipaux de Paris presque toutes leurs attributions, notamment la police et le droit de mettre en mouvement la force, publique pour les transporter au préfet de police, représentant direct du gouvernement, cette ville se trouve dans l'impossibilité de prévenir et d'empêcher les dommages que des attroupements toujours fort nombreux dans une si grande cité, peuvent commettre, et dès-lors, il n'est pas juste, ni rationnel de l'obliger à les réparer.

Dans un deuxième système, la ville de Paris tombe sous l'application de la loi, par cela seul qu'elle a disposé d'une manière générale et qu'elle ne fait aucune exception en faveur de cette ville. En effet, dit-on, il n'est pas exact de dire que

Paris n'est pas responsable, parce que la police, dans cette cité, appartient, non à ses magistrats, mais au préfet de police, agent du gouvernement, puisque l'obligation de prévenir et d'empêcher les dommages qui pourraient être commis dans une ville est imposée non-seulement à la commune, considérée comme être moral, représentée par ses magistrats, mais encore à tous les habitants individuellement. On ne voit donc pas comment la position particulière dans laquelle se trouvent les magistrats de Paris, pourrait exempter cette ville d'une obligation qui pèse sur chacun de ses habitants. S'il en était ainsi, ce ne serait pas seulement Paris, mais encore toutes les communes dont les magistrats sont impuissants à réprimer les attroupements qui seraient déchargées de cette responsabilité, et le nombre en est grand, car la plus grande partie des communes, n'ont ni troupes de ligne, ni gendarmerie pour appuyer l'autorité de leurs magistrats. Quant à nous, malgré le peu d'estime que nous accordons à cette loi, nous sommes forcés de convenir que la pensée de ceux qui l'ont faite, a bien été d'obliger toutes les communes sans avoir égard aux forces régulières dont elles peuvent disposer.

Les communes, dit la loi, sont responsables des dommages commis sur leur territoire par des attroupements et rassemblements. Mais qu'a-t-elle entendu par ces expressions? C'est là une question sur la solution de laquelle la jurisprudence n'est pas plus fixée que la doctrine. Dans une première opinion, on dit qu'il n'y a attroupement, dans le sens de la loi, qu'autant que quinze personnes au moins se trouvent réunies, et pour le décider ainsi, en l'absence de toute disposition de cette loi, on se fonde sur l'art. 9 de la loi des 26-27 juillet 1791, qui ne regarde comme tels que des réunions de quinze personnes au moins.

Dans une deuxième opinion, qui nous paraît plus raisonnable, on enseigne que c'est là une question que la loi ne pouvait pas trancher *à priori*, parce que tout en cette matière dépend des circonstances et des lieux; qu'une réunion de quinze personnes peut passer inaperçue dans une grande ville et n'y pas constituer un rassemblement, tandis qu'une réunion de quatre ou cinq personnes peut être un rassemblement contre lequel la prudence de l'autorité et des habitants doit se tenir en garde dans une petite commune rurale; et qu'ainsi c'est là une question de fait que les juges ont à décider.

La doctrine et la jurisprudence sont à peu près unanimes aujourd'hui pour reconnaître que les communes ne sont point responsables des dommages causés par des rassemblements dont le but est de changer la forme du gouvernement. Les dommages ne sont alors que la conséquence et non le but du rassemblement; ce sont des malheurs qui restent à la charge de ceux qu'ils ont frappés. Du reste, il est impossible d'exiger que, dans les temps de bouleversements politiques, quand la sociétét est ébranlée jusque dans ses fondements, quand les lois ont en quelque sorte abdiqué leur pouvoir, les habitants puissent veiller à la sûreté des biens les uns des autres, tout préoccupés qu'ils sont de protéger leurs personnes et celles de leurs proches.

Cette décision nous conduit à examiner la question de savoir si les communes peuvent être déchargées de l'obligation de réparer les dommages causés sur leurs territoires quand elles établissent qu'il leur a été impossible de les prévenir ou de les empêcher. Il nous semble que la décision, ci-dessus rapportée, pour le cas de rassemblements, ayant pour but de renverser le gouvernement, est surtout motivée sur ce principe de droit naturel que personne n'est en faute de n'avoir pas fait l'impossible, et que, du moment que l'on admet ce principe, il faut reconnaître que dans tous les cas où la commune n'a pu empêcher le dommage, elle n'en est pas responsable, puisqu'elle n'est pas en faute. Cette opinion, admise par tout le monde, quand les dommages ont été causés par des individus étrangers à la commune sur le territoire de laquelle les faits de pillage et de dévastation ont été commis, est réprouvée par quelques auteurs dans le cas où le rassemblement se compose, soit d'habitants de la commune, soit d'habitants de la commune et d'étrangers.

Dans l'intérêt de cette opinion, on a dit qu'il résultait clairement de l'art. 5 du titre 4 que le législateur ne voulait point que la commune pût faire la preuve que le dommage n'était point la conséquence de sa faute, quand il avait été commis par ses propres habitants, soit seuls, soit réunis aux habitants d'autres communes; qu'il était en effet impossible de donner un sens à cet article dans l'opinion opposée et qu'il n'était pas exact de soutenir que l'article 8 lui permet d'échapper à cette responsabilité, puisque cet article est relatif à un cas particulier de responsabilité énoncé à l'article précédent, et auquel il se réfère.

Dans l'autre opinion, on raisonne ainsi: L'art. 5, en déclarant que la commune serait admise à faire la preuve que la présomption de faute établie contre elle n'est pas fondée, n'a pas exclu par là le cas où quelques habitants de la commune auraient pris part aux faits qui ont causé le dommage; sa pensée a été que, si les habitants eux-mêmes avaient joué le principal rôle dans ces faits, la commune ne serait pas admise à s'excuser.

Il résulte, en effet, de l'art. 8, qui ne contient lui-même qu'une espèce de dommage causé par des attroupements, que l'intention du législateur n'a point été de fermer rigoureusement cette voie, mais au contraire de se conformer aux règles du droit commun en matière de responsabilité. Il suffit, pour se convaincre qu[illegible]mmune a cette faculté, de remarquer que, dans l'opinion contraire la commune n'aurait aucun intérêt à s'opposer aux violences que quelques-uns de ses membres voudraient commettre, et que les citoyens s'exposeraient gratuitement à un danger.

Sans vouloir entrer dans la procédure particulière

que trace cette loi, nous ne pouvons nous empêcher de dire un mot de la manière dont le dommage sera réparé, c'est-à-dire comment la loi entend que l'obligation qu'elle impose aux communes, soit exécutée.

D'abord, les objets pillés, enlevés avec violence, ou qui ne peuvent être remis à leurs propriétaires pour toute autre cause, sont estimés, et la commune est condamnée à en payer aux victimes, non pas la simple valeur, mais deux fois la valeur. Ainsi c'est une action qui se double contre ceux qui ne restituent pas exactement la chose qu'ils doivent, comme il en existait plusieurs en droit romain.

Ensuite la commune est condamnée à des dommages-intérêts égaux à la valeur des objets pillés ou enlevés. Ici encore, ces dommages-intérêts ne sont autre chose qu'une peine privée dont le bénéfice rentre dans le patrimoine de la victime, au lieu de tomber dans les caisses du trésor. Il est à remarquer qu'ils sont dus, que les objets enlevés aient été rendus ou non. Dans le premier cas, la victime recouvre son bien et de plus elle en reçoit la valeur ; et dans le second, si elle ne le recouvre pas, elle en rèçoit trois fois la valeur. Dans les deux cas, c'est un profit d'au moins cent pour cent que fait la prétendue victime. Il y a vraiment de quoi souhaiter la destruction de ses propriétés par des attroupements. Quand on réfléchit à l'injustice de cette disposition, on est presque tenté de justifier toutes les critiques acerbes que Toullier a déversées sur la loi toute entière.

Les habitants qui n'ont pas pris part aux faits qui ont causé le dommage, ont un recours contre les auteurs à l'effet de se faire rendre ce qu'ils ont été obligés de payer; mais il faut convenir que c'est là une ressource bien illusoire; car il est le plus souvent impossible de les découvrir, et les découvrirait-on qu'on ne serait pas plus avancé, car ils sont toujours insolvables. Ceux qui se portent à des actes de dévastation et de pillage, n'ont eux-mêmes rien à perdre.

SECTION II.

Responsabilité à raison des animaux et des choses.

Le propriétaire d'un animal est responsable des dommages qu'il a causés, soit qu'il fût sous sa garde, soit qu'il fût égaré ou échappé. Il en est de même de celui qui se sert d'un animal dont il n'est pas propriétaire (1385).

Il n'y a point à distinguer dans notre droit comme on le faisait à Rome, si l'animal a agi contrairement aux instincts naturels de son espèce ou selon ces mêmes instincts, ni s'il était sous la surveillance de son maître, ou s'il était retourné à l'état de liberté naturelle. Dans tous les cas, le gardien ou le maître est obligé de réparer le dommage.

Le motif de cette responsabilité est une présomption de faute que la loi établit contre le propriétaire ou le détenteur de l'animal qui a causé le dommage.

Nous devons en effet veiller attentivement à ce que les animaux qui nous appartiennent ou qui nous sont confiés ne portent pas préjudice aux autres, et comme cela n'arrive presque jamais que par un défaut de vigilance, le législateur a pensé qu'il pouvait poser comme règle générale, que les dommages causés par des animaux étaient les résultats d'une faute de la part de ceux qui devaient les surveiller.

Bien que le législateur n'ait pas réservé la preuve contraire au propriétaire de l'animal, ou à celui qui s'en sert, nous pensons qu'il pourra toujours se décharger de cette obligation en établissant que le dommage n'a point été causé par sa faute; car c'est une faculté de droit commun qui ne peut être enlevée que par une disposition bien expresse de la loi, disposition qui n'est écrite nulle part.

Lorsque les personnes ayant la jouissance des animaux qui ont causé du dommage aux propriétés d'autrui, seront insolvables, c'est alors aux propriétaires eux-mêmes qu'incombera l'obligation de les réparer. Telle est la disposition de l'art. 12, du t. II, de la loi du 6 octobre 1791, sur la police rurale, disposition qui ne doit pas être appliquée à d'autres cas qu'à ceux prévus dans cette loi, c'est-à-dire, aux cas de dommages causés aux champs; car elle constitue une exception au principe que chacun ne répond que de ses propres fautes et non de celles d'autrui. Il est évident, en effet que le propriétaire n'a aucune négligence à se reprocher quand le cheval qu'il a loué ou qu'il a prêté à un ami, a, par la faute de celui-ci, mangé l'avoine du voisin. Cependant il en serait responsable, et le détenteur de l'animal aurait lui-même un recours contre le propriétaire, si c'était par la faute de ce dernier que le dommage eût été causé, comme lorsqu'il loue ou prête un animal qu'il savait vicieux sans en prévenir le locataire ou l'emprunteur.

Les animaux sauvages, tant qu'ils sont à l'état de liberté, n'appartiennent à personne. Ce sont, comme le disaient les Romains, des *res nullius*. Celui dans la propriété duquel ils se retirent, même habituellement, n'est donc point responsable du dommage qu'ils peuvent causer. Mais, lorsqu'une personne s'approprie des animaux sauvages, en les privant de leur liberté et en les soumettant à son pouvoir, elle devient responsable du dommage qu'ils peuvent causer, aussi bien que de ceux commis par des animaux domestiques.

C'est par application de cette règle que nous décidons avec la doctrine et la jurisprudence que le propriétaire d'un colombier est responsable des dommages causés par les pigeons qui s'y retirent, puisque l'art. 524 du C. N. dit qu'ils appartiennent au propriétaire du colombier. Dans ce cas, en effet, le propriétaire du colombier s'est approprié ces oiseaux par une disposition particulière de ce bâtiment propre à les capter, et à leur enlever, au moins momentanément, leur liberté.

Nous en disons autant du propriétaire d'une garenne, relativement aux lapins qui l'habitent, puisque, aux termes de ce même art. 524, les lapins d'une garenne appartiennent au propriétaire de la garenne. Mais il importe de bien déterminer ce que la loi entend par colombier et par garenne. Le colombier n'est pas tout bâtiment où se retirent des pigeons, mais seulement celui que le propriétaire a disposé de manière à recevoir des pigeons, et a affecté à cet usage. Ainsi le propriétaire d'un vieux manoir que des pigeons auraient choisi pour refuge, sans qu'il fût destiné à cet usage, ne répondrait pas des dommages qu'ils pourraient causer aux propriétaires voisins. De même tout bois où il y a des lapins ne constitue pas une garenne; il faut de plus que le propriétaire ait arrangé son bois de manière à y conserver et à y faire naître des lapins. Le propriétaire d'un bois où des lapins auraient établi leurs souterrains, ne répondrait donc pas des dommages qu'ils auraient pu causer aux voisins, s'il ne l'avait pas érigé en garenne, s'il ne s'était pas arrangé de manière à y attirer et à y conserver des lapins.

Si le propriétaire d'un bâtiment où il y a des pigeons, et d'un bois où il y a des lapins n'est pas responsable en vertu de l'art. 1385 des dégâts causés aux propriétés voisines, c'est-à-dire présumé en faute comme propriétaire de ces animaux, il peut l'être en vertu de l'art. 1383, c'est-à-dire que les personnes auxquelles les pigeons ou les lapins ont causé un préjudice peuvent établir que c'est par sa faute que le dommage a été commis et en obtenir la réparation. Les deux seules choses qui nous paraissent pouvoir le constituer en faute dans ce cas, c'est d'avoir attiré les pigeons et les lapins dans sa propriété, ou d'avoir refusé aux voisins la permission de les détruire. Nous ne pensons pas, en effet, que l'on puisse le considérer comme en faute, par cela seul qu'il n'aurait pas détruit des pigeons et des lapins qui se seraient établis d'eux-mêmes dans sa propriété ; car aucune loi ne l'oblige à le faire.

Le propriétaire ou le détenteur d'un animal ne peut se décharger de la responsabilité que l'article 1385 lui impose, en établissant que ce n'est pas en s'écartant des instincts de son espèce, que l'animal a causé le dommage; car que l'animal soit d'une espèce naturellement douce ou féroce, peu importe, il n'en est pas moins en faute en ne prenant pas toutes les précautions nécessaires pour empêcher que cet animal ne fasse du mal à quelqu'un. Mais nous pensons que, si un animal cause du dommage en s'écartant de ses propres habitudes, le propriétaire ou celui qui s'en sert n'en est pas responsable; car il n'est pas en faute. Ainsi, quand un cheval, d'habitude très doux, donne un coup de pied à un passant, le maître n'est pas responsable, parce qu'il ne pouvait pas savoir que cet animal agirait ainsi.

Il ne pourrait pas non plus s'exonérer de l'obligation de réparer le dommage en abandonnant l'animal à la personne qui l'a éprouvé; car notre droit moderne, plus logique et plus équitable en ce point que le droit romain et quelques coutumes de notre ancien droit français, ne permet point l'abandon noxal.

Le propriétaire d'un bâtiment est responsable du dommage causé par la ruine de ce bâtiment, lorsqu'elle est arrivée par défaut d'entretien ou par vice de construction. Cette responsabilité a lieu tant à l'égard des propriétaires voisins dont les immeubles ont été endommagés, qu'envers les passants qui ont été atteints par la chute de bâtiments situés sur une place ou une voie publique. Car l'art. 1386, Code Nap., ne distingue point, et les uns sont aussi dignes de protection que les autres.

La présomption qui sert ici de base à l'obligation de réparer, diffère en étendue de celle que nous avons rencontrée jusqu'ici; car il ne suffit pas, comme dans les cas précédents, que la victime d'un préjudice établisse qu'il lui a été causé par une personne soumise à l'autorité d'une autre, ou par une chose appartenant à telle personne pour que la loi en tire la conséquence que cette personne doit réparer ce dommage. Il est nécessaire qu'elle établisse de plus que le bâtiment est tombé, soit parce qu'il était mal construit, soit parce qu'il n'était pas entretenu, réparé. L'art. 1386 ne s'applique qu'à ces deux cas et nous ne pensons pas qu'il soit équitable d'étendre ses dispositions à d'autres.

Cet article n'ayant parlé que du propriétaire d'un bâtiment, nous ne croyons pas non plus que l'on puisse soumettre à la responsabilité qu'il impose, le propriétaire d'un arbre dont la chute aurait causé quelque dommage. Car une présomption de faute est si contraire aux principes du droit que les meilleures raisons ne suffisent pas pour l'établir en dehors d'une disposition expresse de la loi.

Ce n'est pas à dire pour cela que le propriétaire dont les choses inanimées auront causé un préjudice à quelqu'un ne sera jamais obligé de le réparer. Il pourra, au contraire, en être déclaré responsable, si c'est par sa faute que le préjudice a été causé, mais les rôles seront changés; car au lieu d'être obligé de prouver qu'il n'est pas en faute, le propriétaire n'aura aucune preuve à faire; ce sera à celui qui prétendra avoir éprouvé un dommage, à établir qu'il l'a souffert par la faute du propriétaire des objets qui l'ont causé. Ainsi, c'est le principe général, et non la présomption de faute, que nous appliquons.

Nous dirons ici, des dommages causés par des choses inanimées, ce que nous avons dit des dommages causés par des animaux: c'est que le propriétaire ne peut pas se libérer de l'obligation de les réparer par l'abandon des choses qui les ont occasionnés, car l'équité dont notre législation a pris à tâche d'être l'interprète, exige que le dommage tout entier soit réparé.

POSITIONS.

DROIT ROMAIN.

I. Celui qui par erreur de droit s'empare de la chose d'autrui ne commet pas de *furtum*.

II. L'*actio furti* peut être exercée contre celui qui a coopéré au *furtum consilio tantum*.

III. Les dommages qui ne consistent pas en une dégradation matérielle ne sont pas réprimés par la loi Aquilia.

IV. Le mari avait une *actio injuriarum proprio nomine*, à raison des injures adressées à sa femme, bien qu'elle ne fût pas *in manu*.

V. Le *judex* qui a fait le procès sien peut être poursuivi, même quand la sentence est nulle ou susceptible d'appel.

VI. Le mari n'est pas responsable de l'insolvabilité du *promissor dotis* quand ce dernier est un donateur ou le père de sa femme.

VII. Le mari n'est en faute que lorsqu'il ne donne pas aux biens dotaux les mêmes soins qu'aux siens.

VIII. Le simple de l'*actio bonorum vi raptorum*

est le montant de l'intérêt que la victime avait à ne pas souffrir le vol.

IX. Lorsqu'un esclave légué est blessé après l'adition de l'hérédité, l'action de la loi Aquilia appartient au légataire qui a accepté son legs avant la mort de l'esclave.

X. Dans le droit de Justinien, toutes les actions pénales nées d'un même fait peuvent être exercées cumulativement.

DROIT FRANÇAIS.

DROIT CIVIL.

I. La question de savoir si l'inférieur est responsable du dommage qu'il a causé en exécutant l'ordre de son supérieur, est laissée à l'appréciation du juge.

II. Le propriétaire d'une usine n'est responsable que des détériorations matérielles causées aux propriétés voisines par son industrie.

III. Celui qui pouvait empêcher un dommage n'est pas obligé de le réparer par cela seul qu'il ne l'a pas empêché.

IV. L'action en dommages-intérêts née d'un délit se prescrit par le même laps de temps que l'action publique.

V. Le mari n'est pas en principe responsable des dommages causés par sa femme.

VI. Le possesseur de bonne foi n'est pas responsable des détériorations qu'il commet sur la chose possédée.

VII. Le père ne peut exercer une action en dommages-intérêts contre le neurtrier de son fils, qu'autant que ce fait lui a causé un préjudice matériel.

VIII. Les dommages-intérêts doivent être proportionnels au préjudice et non à la gravité de la faute.

IX. Les auteurs d'un dommage en sont responsables chacun pour le tout, sans être pour cela solidaires (*correi*).

X. Celui qui a payé le tout a un recours contre les autres pour leur quote-part.

XI. Les créanciers d'une personne injuriée ne peuvent exercer l'action d'injure qui lui appartient.

XII. La revendication d'une chose volée ne peut plus avoir lieu lorsque l'action publique est prescrite.

XIII. L'émancipation d'un enfant fait cesser la responsabilité de son père.

XIV. L'instituteur qui a été forcé de réparer le dommage causé par un de ses élèves n'a pas de recours contre le père.

XV. La présomption de faute établie contre le commettant à l'égard des faits de son préposé, peut être combattue par la preuve contraire.

XVI. Le locataire d'une maison où un incendie s'est déclaré n'est point présumé en faute à l'égard des voisins.

XVII. Les aliénations d'immeubles faites par un héritier apparent sont opposables au véritable héritier, si l'acheteur est de bonne foi.

XVIII. En principe, le juge de l'action est aussi le juge de l'exception.

XIX. La chose jugée au criminel n'a point autorité sur l'action civile intentée devant les tribunaux ordinaires.

XX. L'individu acquitté sur la poursuite de l'action publique, et condamné à des dommages-intérêts ne peut être soumis à la contrainte par corps.

DROIT PÉNAL.

I. Lorsque la peine d'un crime s'aggrave en raison de qualités personnelles à l'auteur, cette circonstance n'influe pas sur le complice.

II. L'art. 365 § 2 du Cod. Inst. Crim. ne doit pas être appliqué aux contraventions de simple police.

DROIT ADMINISTRATIF.

I. La ville de Paris est soumise aux prescriptions de la loi du 10 vendémiaire an IV.

II. Les communes ne sont pas responsables des dégâts commis par des attroupements dont le but est de renverser le gouvernement.

III. A défaut des maires et adjoints les dégâts peuvent être constatés en la forme ordinaire.

DROIT DES GENS.

I. La guerre abroge les traités de commerce, la paix les fait revivre sans effet rétroactif.

HISTOIRE DU DROIT.

I. Le parlement de Paris sortait de la cour du roi.

II. La théorie des classes était une invention des parlements de province qui ne fut jamais acceptée par celui de Paris.

Vu par le président de la thèse,
COLMET-DAAGE.

Vu par le doyen de la Faculté,
C.A. PELLAT.

Permis d'imprimer.

Le vice-recteur.
ARTAUD.

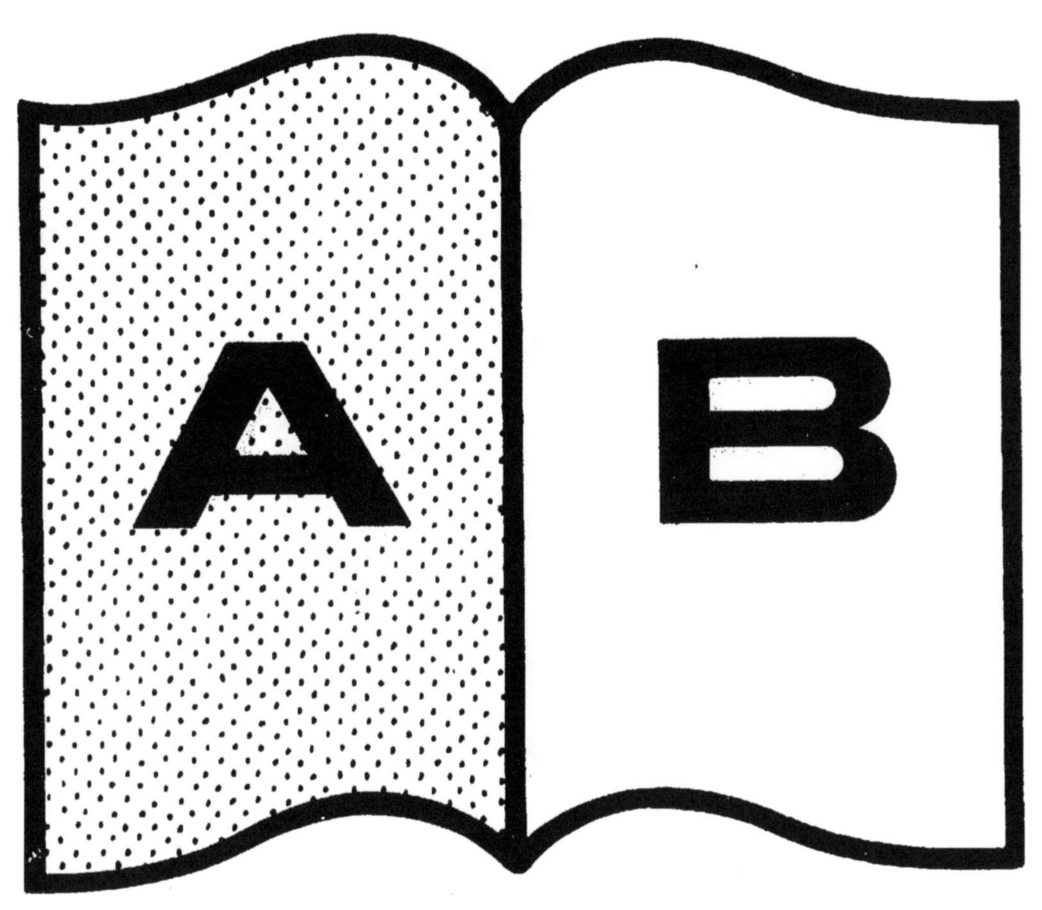

Contraste insuffisant

NF Z 43-120-14

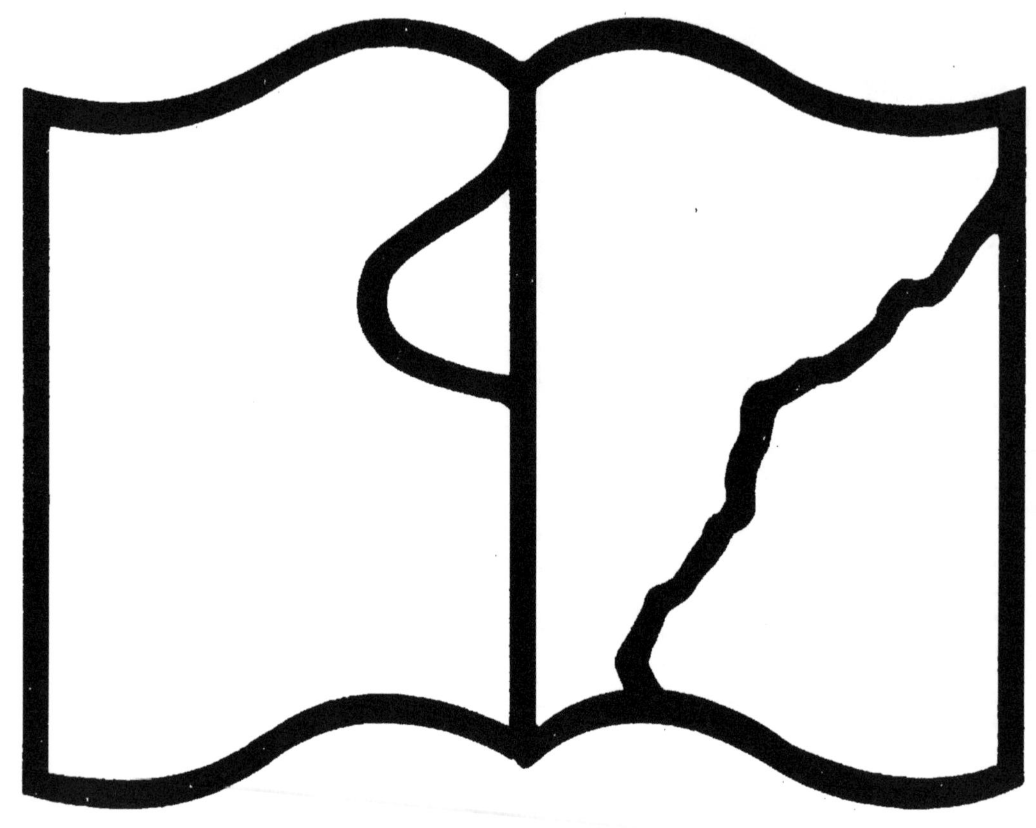

Texte détérioré — reliure défectueuse

NF Z 43-120-11

www.ingramcontent.com/pod-product-compliance
Ingram Content Group UK Ltd.
Pitfield, Milton Keynes, MK11 3LW, UK
UKHW012212240726
13966UKWH00002B/714

9 782013 582384